eurolingua
Español 3

VOCABULARIO

Cornelsen

VOCABULARIO Vokabular

Die neuen spanischen Vokabeln finden Sie hier in der Reihenfolge ihres ersten Auftretens aufgelistet. Die chronologische Vokabelliste enthält den Wortschatz von Unidad 1 bis Unidad 14 inklusive der Opciones 1 bis 4.
Wörter, die Sie nicht unbedingt zu lernen brauchen, sind ***kursiv*** gedruckt. Die Zahlen am Rand geben an, wo die einzelnen Wörter und Wendungen zum ersten Mal vorkommen.

Abkürzungen

m.	*maskulin*
f.	*feminin*
Pl.	*Plural*
Adj.	*Adjektiv*
Adv.	*Adverb*
jd	jemand
jdm	jemandem
jdn	jemanden
etw.	etwas
a/c	alguna cosa
alg.	alguien
amerik.	*amerikanisches Spanisch*
engl.	*englisch*
per.	*peruanisch*

Symbole

=	bezeichnet Wörter und Wendungen mit gleicher oder ähnlicher Bedeutung
≠	bezeichnet Wörter und Wendungen mit gegensätzlicher Bedeutung

UNIDAD 1: SOMOS ASÍ

1 ¿Cómo te llamas?

1.2	**el truco**	Trick, Kniff	Es un truco de magia.
1.4	***la salsateca***	Salsadiskothek	¿Vamos a bailar a una salsateca?

2 ¿Somos así?

2.1	***el pijo / la pija***	Snob, Yuppie	Este es un bar de pijos.
	el oro	Gold	Es una moneda de oro.
	el papá	Papa	= padre
	la Administración de empresas	(Unternehmens-)Verwaltung, BWL	Estudio Administración de empresas.
	mercantil	kaufmännisch, Handels-	
	el gimnasio	Sportzentrum, Fitnessstudio	Hago deporte en un gimnasio.
	estar bronceado/-a	(sonnen)gebräunt sein	¿Por qué estás tan bronceado?
	el caballo	Pferd	Es un caballo muy rápido.
	esquiar (i → í: esquío)	Ski laufen	Esquías muy bien.
	el valle	Tal	El pueblo está en un valle.
	el portero / la portera de noche	Nachtportier/-pförtnerin	Trabaja de portero de noche en un hotel.
	la jubilación	Pensionierung; Rente	Recibe una buena jubilación.
	educado/-a	höflich, gebildet	¡Qué chica tan educada!
	honrado/-a	ehrlich, anständig	Es un colega muy honrado.
	respetuoso/-a	respektvoll; rücksichtsvoll	Es muy respetuoso con sus padres.
	la petanca	Bocciaspiel	La petanca es un juego divertido.
	la jaula	Käfig	El pájaro está en la jaula.
	el canario	Kanarienvogel	Tengo un gato y un canario.
	la filología	Philologie	Estudio Filología Alemana.
	la carpeta	Aktentasche	El contrato está en esa carpeta.
	los apuntes *m. Pl.*	Notizen	¿Me prestas tus apuntes de la última clase?
	la mamá	Mama	= madre
	salir de marcha	ausgehen, einen drauf machen	El sábado salimos de marcha.
	el día del espectador	Kinotag	¿Cuándo es el día del espectador?
	el dineral	Sünden-, Heidengeld	= mucho dinero
	la fotocopia	Fotokopie	Haga una fotocopia del documento.

la facultad	*Fakultät einer Universität*	¿Dónde está la facultad de Derecho?
sucio/-a	schmutzig, dreckig	≠ limpio
el/la cabeza *m./f.* ***de familia***	Familienoberhaupt	¿Quién es el cabeza de familia?
el carajillo	*Kaffee mit einem Schuss Cognac*	¿Me ponga un carajillo, por favor?
echar piropos	Anzüglichkeiten machen	Echar piropos es una costumbre machista.
los Ducados	*span. Zigarettenmarke*	Fumo Ducados.
el dominguero	Sonntagsfahrer	La autopista está llena de domingueros.
meter a/c	etw. (hinein)setzen, stellen, legen	≠ sacar
portátil	tragbar, Reise-, Hand-	Lleva un ordenador portátil.
la caravana	*hier:* Autoschlange	Hay una caravana de cinco kms.
plegable	biegsam, Klapp-	Es una mesa plegable.
la fiambrera	Picknickkorb	¿Qué hay en la fiambrera?
inmenso/-a	unermesslich, gewaltig, riesig	= enorme
la nevera	Kühltasche	Las bebidas están en la nevera.
la sombrilla	Sonnenschirm	Hace mucho sol. Pon la sombrilla.
los utensilios *m. Pl.*	Utensilien, Geräte	¿Dónde se puede comprar los utensilios?
indispensable	unentbehrlich	= imprescincible
espantar a alg.	jdn erschrecken; jdn erstaunen	Es tan horrible que espanta.
el radiocasete	Radiorecorder	El radiocasete no funciona.
el bañador	Badeanzug/-hose	Ese bañador te queda muy bien.
la maruja *(coloquial)*	Hausfrau	= ama de casa
fregar a/c (e → i: friego)	spülen, etw. waschen, scheuern	Acabo de fregar el suelo.
la bata	Morgenrock, Kittel	Se pone una bata para estar en casa.
chillón/-ona	grell, kitschig	Es de color amarillo chillón.
la rebaja	Preisnachlass, Sonderangebot	Hay unas rebajas increíbles.
la teletienda	TV-Shop	¿Qué venden en la teletienda?
arrepentirse de a/c (e → ie: me arrepiento)	etw. bereuen	Me arrepiento de haber gastado tanto dinero.

	la revista del corazón	Klatschblatt	¿Lees revistas del corazón?
	chismorrear	klatschen, tratschen	Siempre están chismorreando.
	la peluquería	Friseursalon	¿A qué peluquería vas?
	el culebrón	Soap Opera, Seifenoper	Este culebrón no se acaba nunca.
	el chocolate	Schokolade	¡Qué rico está este chocolate!
2.2	**desconocido/-a**	unbekannt	≠ conocido
2.3	**recompensar a alg.**	jdn belohnen, entschädigen	Le recompensaron con un premio.
2.5	*el estereotipo*	Stereotyp, Klischee	¿Cómo es el estereotipo de «latino»?
	el prejuicio	Vorurteil	La gente tiene muchos prejuicios.
	los rasgos *m. Pl.*	Charakterzüge, Merkmale	= características
2.6	*el austríaco / la austríaca*	Österreicher/in	No soy alemana, soy austríaca.
	el suizo / la suiza	Schweizer/in	Somos suizos.
	la gamba	Krabbe, Garnele	¿Pedimos unas gambas?
	ortopédico/-a	orthopädisch	Usa zapatos ortopédicos.
	el vídeo	Video(gerät)	Graba todo con el vídeo.
	la sangría	Sangria, Rotweinbowle	¿Quieres una sangría?
	la cartera	Brieftasche	¡Mi cartera ha desaparecido!

3 Las estadísticas

3.1	**estadístico/-a**	statistisch	Es un informe estadístico.
	medio/-a	halb, zur Hälfte; durchschnittlich	¿Cuánto es el salario medio?
	pesar	wiegen	¿Cuánto pesas?

	el kilogramo	Kilogramm	Peso 60 kilogramos.
	la esperanza	Hoffnung	No pierdas la esperanza.
	la esperanza de vida	Lebenserwartung	La esperanza de vida es mayor que antes.
	alrededor de	ungefähr; um ... herum	= cerca de
3.3	**respectivo/-a**	betreffend; entsprechend	Dime los rasgos respectivos a cada país.

4 Repaso: hablar de fechas

4.1	**el footing**	Jogging	Hago footing todos los días.
4.2	**transcurrir**	verstreichen, vergehen	= pasar
4.3	**la adolescencia**	Jugend(zeit)	Tuvo una adolescencia difícil.

5 Aprender mejor: para recordar sustantivos y adjetivos

5.1	**cubrir a/c, a alg.**	etw., jdn be-, zudecken	Se cubrió con un mantel.
	junto con	zusammen mit	Junto con el paquete hay una tarjeta.
5.2	***el apodo***	Spitzname	¿Tienes algún apodo?
	designar a/c, a alg.	etw., jdn bezeichnen	= llamar
	inequívoco/-a	eindeutig	La respuesta es inequívoca.
	flaco/-a	mager, dünn, dürr	= delgado
	el charlatán / la charlatana	Schwätzer/in; Schwindler/in	Es un charlatán.
	burlesco/-a	drollig, spaßhaft	Habló en un tono burlesco.

	consistir en a/c	auf etw. beruhen, aus etw. bestehen	¿En qué consiste el problema?
	el Mendocino / la Mendocina	*Einwohner/in von Mendoza*	= de Mendoza
	el Cordobés / la Cordobesa	*Einwohner/in von Córdoba*	= de Córdoba
	bravo/-a	tapfer, mutig, wild	El toro es un animal muy bravo.
	el césped	Rasen	El césped está seco.

UNIDAD 2: ¿QUÉ HARÍAS TÚ?

1 Deportes con emoción

1.1	***el puenting***	Bungeespringen	El puenting me parece una locura.
	atar a/c, a alg.	etw., jdn an-/festbinden	¿Estás bien atada?
	la cintura	Taille	Tiene la cintura muy estrecha.
	la goma	Gummi(band)	¿No se romperá la goma?
	elástico/-a	elastisch, dehnbar	Es una tela elástica.
	la deceleración	Verzögerung, Verlangsamung	
	la escalada	Klettern, Bergsteigen	La escalada es un deporte peligroso.
	la progresión	Progression, *hier:* Aufstieg	La progresión es lenta.
	vertical	vertikal, senkrecht	Es una línea vertical.
	artificial	künstlich	≠ natural
	el medio	Mitte; (Hilfs-)Mittel; (Durch-)Schnitt	¿Qué medios se necesitan?
	el anclaje	Ankern, Verankerung	
	la cuerda	Seil, Schnur	¿Es segura la cuerda?

	progresar	Fortschritte machen, fortschreiten	Progresa muy rápido.
	el buceo	Tauchen	Voy a hacer un curso de buceo.
	deber + *Inf.*	müssen	Debes tener cuidado.
	despacio *Adv.*	langsam, sachte	≠ rápido
	el/la excursionista *m./f.*	Ausflügler/in, Wanderer/in	En esta zona hay muchos excursionistas.
	el rafting	Rafting, Wildwasserfahren	En este río se puede hacer rafting.
	la bajada de rápidos	Rafting, Stromschnellenfahrten	= rafting
	la lancha neumática	Schlauchboot	Es una lancha neumática para 7 personas.
	el monitor / la monitora	(Sport-)Lehrer/in, Gruppenleiter/in	Es monitora en un club de rafting.
	el windsurf	Windsurfen	Podemos hacer windsurf.
	la tabla (de windsurf)	Surfbrett	Me caí de la tabla.
	deslizarse	(dahin)gleiten	Se deslizó por la nieve.
	estable	stabil, fest	Tengo una bici muy estable.
1.2	**volver a** + *Inf.*	etw. wieder tun	Vuelve a llamar más tarde.
1.3	**agotador/a**	erschöpfend, anstrengend	Ha sido un día agotador.

2 Dos mujeres sin miedo

2.1	**frágil**	ge-/zerbrechlich, schwach; zart	≠ fuerte
	delicado/-a	zart, fein; heikel	Es un bebé muy delicado.
	pese a	trotz	≠ a pesar de
	la apariencia	(An-)Schein; Aussehen	Tiene una extraña apariencia.
	el casco	Helm	¿Usas casco cuando vas en bici?
	el maratón	Marathon(lauf)	¿Quién ganó el maratón?
	salvar a/c	*hier:* etw. überwinden	Finalmente salvaron las dificultades.

el barranco	Schlucht, Klamm, Wildbach	Es un barranco muy profundo.
a brazo partido	*aus Leibeskräften*	Luchó a brazo partido.
la canoa	Kanu; Boot	Hicimos un viaje en canoa.
la porcelana	Porzellan	La porcelana es frágil.
el/la atleta *m./f.*	Athlet/in	Es una atleta excelente.
la fuerza	Kraft; Gewalt; Macht	¡Qué fuerza tienes!
sobrenatural	übernatürlich	Es un fenómeno sobrenatural.
competir (e → i: compito)	streiten; konkurrieren, wetteifern	Compiten por el primer premio.
la élite	Elite	En la élite están los mejores.
mundial	Welt-	Es un deportista de fama mundial.
la prueba	Beweis, Probe; *hier:* Wettkampf	La prueba es difícil de ganar.
la disciplina	Disziplin	Hay varias disciplinas en este deporte.
la competición	Wettbewerb	= prueba
mixto/-a	gemischt	Es un grupo mixto.
la oportunidad	Gelegenheit	No pierdas esta oportunidad.
el barcelonés / la barcelonesa	Einwohner/in von Barcelona	Es catalana, barcelonesa.
la labor de asistencia	Assistenzarbeit	Realiza una labor de asistencia aquí.
tratar a alg.	mit jdm umgehen, jdn behandeln	¿Cómo te tratan en el nuevo trabajo?
afirmar a/c	etw. bestätigen, etw. versichern	Afirmó que la información era correcta.
provenir de (provengo, provienes)	herkommen von, stammen aus	Proviene de una familia rica.
el esquí de fondo	(Ski-)Langlauf	El esquí de fondo es agotador.
el tramo de remo	Ruderstrecke	El tramo de remo es más duro.
montar (a/c, a caballo)	(etw.) montieren; (Pferd) reiten	Me gusta montar a caballo.
la espeleología	Höhlenkunde	Sabe mucho de espeleología.

3 Vacaciones activas

3.2	**el condicional**	Konditional	«Gustaría» es una forma del condicional.
	el segundo	Sekunde	Dura unos segundos.
	la naturaleza	Natur	Hay que cuidar la naturaleza.
	flexible	flexibel; biegsam, geschmeidig	Tienes que ser más flexible.
	el ala delta (vuelo en)	Drachenfliegen	Es un buen sitio para practicar ala delta.
	el vuelo libre	Drachenfliegen	El vuelo libre me da miedo.
	el descenso de cañones	Canyoning, Rafting	¿Quieres probar el descenso de cañones?
	lanzarse en, sobre a/c	sich auf, in etw. stürzen	Se lanzó sobre el puente.
	la corriente	Strom; Strömung	Aquí la corriente es muy fuerte.
	el metro	Meter; U-Bahn	¿Cuántos metros hay hasta el otro lado?

4 El condicional

4.2	**la hipótesis**	Hypothese, Annahme	No estoy seguro, es una hipótesis.
4.3	**estar en condiciones**	in gutem Zustand sein	El piso no está en condiciones.
	averiado/-a	defekt; abgenutzt	La máquina está averiada.
	efectivo/-a	wirklich; effektiv, wirksam	Es muy efectivo en su trabajo.

5 ¿Puedes ayudarme?

5.1	**marearse**	schwindlig werden, übel werden	No me gusta el ascensor, me mareo.

6 Un poco de gramática: ¿cuál te gusta más?

6.1	***el manchego***	Manchego *(spanischer Käse)*	El manchego es un queso duro.
6.2	***japonés/-esa***	japanisch	Tengo una moto japonesa.
	de rayas	gestreift	Lleva una falda de rayas.
	de cuadros	kariert	Me pongo el pantalón de cuadros.

8 Aprender mejor: el diario de aprendizaje

	el aprendizaje	Lehre, Lehrzeit; Ausbildung; Lernen	Puedes mejorar el aprendizaje.
	el gusto	Geschmack, Vergnügen; Gefallen,	Te ayudo con mucho gusto.

9 Repaso: consejos prácticos

9.1	***aragonés/-esa***	aus Aragón	= de Aragón
	el montañismo	Bergsteigen	Mi mayor afición es el montañismo.
	cuidadosamente	sorgfältig; umsichtig	= con ciudado
	el cálculo	Kalkulation, Berechnung	Se equivocó en el cálculo.
	con anterioridad	früher, vorher	= antes
	equipar a alg. con, de a/c	jdn mit etw. ausrüsten, ausstatten	Estamos equipados con todo lo necesario.
	la linterna	Laterne	No veo nada, necesito la linterna.
	la brújula	Kompass	Mira en la brújula dónde está el sur.
	orientarse	sich orientieren, sich zurechtfinden	Nos orientamos con la brújula.
	el refugio	Zuflucht, Schutz; (Schutz-)Hütte,	Pasamos la noche en un refugio.
	el albergue	Herberge, Unterkunft	El albergue está lleno.

	equilibrado/-a	ausgeglichen, ausgewogen	Es una persona muy equilibrada.
	los primeros auxilios *m. Pl.*	Erste Hilfe	Recibió enseguida los primeros auxilios.
	el impacto	Wirkung, *hier:* Belastung	Fue un impacto muy fuerte.
	la partida	Abreise, Abfahrt; Partie, Spiel	≠ llegada
9.2	**imprescindible**	unvermeidlich, unerlässlich	Es imprescindible que vuelvas.
	aconsejable	ratsam, empfehlenswert	= recomendable

10 Un día perfecto

10.1	**ideal**	ideal	¿Cómo es tu trabajo ideal?
10.2	***la modelo***	(Foto-)Modell, Mannequin	Es una famosa modelo.
	equivaler a a/c	einer Sache gleichkommen, etw. bedeuten	= significar
	la obligación	Verpflichtung, Pflicht, Schuld	¿Qué obligaciones tienes en tu trabajo?
	la imaginación	Fantasie, Vorstellung	= fantasía
	contemplar a/c	etw. betrachten, etw. anschauen	Me gusta contemplar el mar.
	íntimo/-a	intim; innerlich; vertraut	¿Te puedo hacer una pregunta íntima?
	el rumbo	(Fahrt-)Richtung; Kurs	El barco va rumbo al norte.
	disfrutar de a/c	sich an etw. erfreuen, etw. genießen	Disfruta de tu tiempo libre.
	prolongarse	lange dauern, weitergehen	La fiesta se prolongó hasta las cinco.
	el atardecer	(Abend-)Dämmerung	Nos encontramos al atardecer.
	reencontrarse con a/c, alg.	etw., jdm wieder begegnen	= volver a encontrarse
	magnífico/-a	herrlich, prächtig	Hace un día magnífico.
	la puesta de sol	Sonnenuntergang	¿Vamos a ver la puesta de sol?

el espectáculo	Schauspiel, Vorstellung	Es un magnífico espectáculo.
el balinés / la balinesa	Balinese/Balinesin	
la relajación	Entspannung	¿Conoces algún método de relajación?
la calma	Stille, Ruhe; Gelassenheit	= tranquilidad
la serenidad	Heiterkeit, Gelassenheit	Nunca tiene serenidad.
interior	innerlich; Innen-, Binnen-	Siento una gran tranquilidad interior.

UNIDAD 3: ¿QUIÉN SERÁ?

1 Semáforo

	el semáforo	Verkehrsampel	El semáforo está en rojo.
1.2	**coincidir con a/c**	etw. entsprechen, mit etw. übereinstimmen	Coincido con tu opinión.
	la suposición	Vermutung; Voraussetzung	No es un hecho, es una suposición.
	el bolso en bandolera	Umhängetasche	Lleva un bolso en bandolera.
	vulgar	normal; gewöhnlich, vulgär	Parece vulgar, nada especial.
	la circunstancia	Umstand	Pasan por circunstancias muy difíciles.
	el furgón de policía	Polizeiwagen	Ahí llega el furgón de policía.
	rasgar	zerreißen	Rasgó el papel en pedazos.
	la sirena de ambulancia	Sirenengeheul	Se oye una sirena de ambulancia.
	el lápiz de labios	Lippenstift	¿Tienes un lápiz de labios?
	el labio	Lippe	Le dio un beso en los labios.
	el peine	Kamm	Siempre llevo un peine en el bolso.

	el pañuelo de papel	Papiertaschentuch	¿Me das un <u>pañuelo de papel</u>?
	el bono	Bon, Schein, *hier:* Ticket	¿Cuánto cuesta el <u>bono</u> para un mes?
	el polvo	Pulver; Puder; Staub	Se puso <u>polvos</u> en la nariz.
	la agenda	Taschenkalender, Notizbuch	Perdí mi <u>agenda</u> con todas las direcciones.
	frustrado/-a	frustriert, enttäuscht	Está <u>frustrado</u> porque no aprobó.
	el/la agente *m./f.* **de seguros**	Versicherungsvertreter/in	Es un <u>agente de seguros</u> muy pesado.
	el esposo / la esposa	Ehemann/-frau	= marido/mujer
	la peletería	Pelzhandel, Kürschnerei	Compró el abrigo en una <u>peletería</u>.
	el llavero	Schlüsselring/-bund	He perdido el <u>llavero</u> con todas las llaves.
	el bolsillo	(Hosen-)Tasche; Geldbeutel	Sólo llevo ocho euros en el <u>bolsillo</u>.
	ignorar a/c, a alg.	etw., jdn ignorieren; etw. nicht wissen, etw., jdn nicht kennen	Cuando lo ve por la calle, lo <u>ignora</u>.
	la úlcera	Geschwür	El doctor le ha dicho que tiene una <u>úlcera</u>.
	el bordillo	Bordstein, Bürgersteig	= acera
	el sujeto	Subjekt; Person; Gegenstand	Es un <u>sujeto</u> muy extraño.
	anodino/-a	einfältig, langweilig	= aburrido
	operar a alg.	jdn operieren	Lo van a <u>operar</u> del corazón.
	la apendicitis	Blinddarmentzündung	Está en el hospital con <u>apendicitis</u>.
	la letra de cambio	Wechsel, Pfandschein	Cada mes paga una <u>letra de cambio</u>.
	la toalla	Handtuch	Vamos a nadar. Lleva una <u>toalla</u>.
	el patito de goma	Gummientchen	Juego con un <u>patito de goma</u>.
	huir (i → y: huyo)	(ver)meiden; (ent)fliehen; *hier:* vorüberfahren	Los vecinos <u>huyeron</u> del fuego.
	el paso de peatones	Fußgängerüberweg	Cruza por el <u>paso de peatones</u>.
	avanzar	vorwärts gehen, weiterkommen	El hombre <u>avanzó</u> unos pasos.
1.3	**la actitud**	Haltung, Einstellung; Verhalten	Es una <u>actitud</u> muy flexible.
	el observador / la observadora	Beobachter/in	Se fija en todo, es muy <u>observador</u>.

	acerca de	über, hinsichtlich	= sobre
1.6	**la perspectiva**	Perspektive, Haltung	¿Qué perspectivas de futuro tiene?

2 El futuro

	el futuro	Futur, Zukunft	¿Cómo viviremos en el futuro?
2.4	***¡Basta ya!***	Jetzt reicht's!	¡Estoy harto! ¡Basta ya!
	el matamoscas	Fliegenklatsche	Necesito un matamoscas.
	la función	Funktion, Aufgabe, Tätigkeit	Tiene una función muy importante.
2.5	**por casualidad**	zufällig(erweise)	Nos vimos por casualidad.
	la huelga	Streik	Hay huelga de profesores.
	entregar a/c	etw. abliefern, etw. übergeben	Hoy voy a entregar el informe.
2.6	**clasificar a/c**	etw. (ein)ordnen	Tengo que clasificar las fichas.

3 Aprender mejor: aprender con todos los sentidos

	el sentido	(Tast-/Geruchs-)Sinn; Bedeutung	Tenemos cinco sentidos. ¿Cuáles son?
	la taza	Tasse	¿Quieres una taza de café?
3.2	**el rayo de sol**	Sonnenstrahl	Por la ventana entró un rayo de sol.
	la lluvia	Regen	Ha sido un verano con mucha lluvia.
	el trigo	Weizen	¿Tienen cerveza de trigo?

mojarse	nass werden	Como no tenía paraguas, me mojé.
amasar a/c	etw. kneten, etw. einrühren	Tienes que amasar la harina.
el pájaro	Vogel	El pájaro voló.
la azotea	Flachdach; Dachgarten	Vive en una azotea.
freír a/c (e → í: frío)	etw. braten, etw. rösten	Voy a freír un par de huevos.
el dios / la diosa	Gott/Göttin	¡Dios mio!

4 El mundo de 2030

4.1

el sida	Aids	¿Cuántos enfermos de sida hay en España?
la vacuna	Impfstoff, Impfung	Todavía no hay una vacuna contra el sida.
el virus	Virus	Es un virus peligroso para la salud.
el análisis	Analyse, Untersuchung	¿Ya tienes el resultado de los análisis?
la comisión de bioética	Bioethikkommission	
vigilar a/c, a alg.	etw., jdn be-/überwachen	Hay un hombre que vigila la entrada.
el proceso	Prozess; Rechtsstreit	Es un proceso muy largo.
la clonación humana	menschliches Klonen	¿Qué piensas de la clonación humana?
el robot	Roboter	Los robots harán muchos trabajos.
el clon	Klon	Los clones son iguales.
tal	solche/r/s	Él no hizo tal cosa.
el mínimo	Minimum	≠ máximo
el químico / la química	Chemiker/in	Es química en una empresa española.
la vitamina	Vitamin	La fruta tiene muchas vitaminas.
el mineral	Mineral	El hierro es un mineral.
el oligoelemento	Spurenelement	¿Qué oligoelementos se necesitan?
elaborar a/c	etw. herstellen, etw. entwickeln	= producir
vencer a/c, a alg. (venzo, vences)	etw., jdn besiegen	Unidos venceremos.

	el psicólogo / la psicóloga	Psychologe/Psychologin	Tengo cita con mi psicóloga.
	la pelea	Kampf, Streit	Ayer tuvimos una pelea.
	la píldora	Pille	¿Tomas la píldora?
	la armonía	Harmonie, Eintracht	Viviremos en completa armonía.
	volverse + *Adj.*	(zu etw.) werden	Se ha vuelto muy arrogante.
	el encargado / la encargada	Geschäftsführer/in	¿Quién es el encargado de esta tienda?
	el salón recreativo	Spielkasino	Me divierto mucho en el salón recreativo.
	virtual	virtuell	Tengo algunos amigos virtuales.
	el centro de realidad virtual	Simulationscenter	Paso horas en el centro de realidad virtual.
	la conexión	Verbindung, Anschluss	La conexión con el Internet no funciona.
	el acceso	Zugang, Zutritt	El acceso es sólo para miembros.
	el electrodo	Elektrode	¿Para qué son los electrodos?
	el/la taxista *m./f.*	Taxifahrer/in	¿Cuánto gana un taxista?
	el auto	Auto	= coche
	el helicóptero	Hubschrauber	Es un helicóptero de primeros auxilios.
	individual	Individual-, Einzel-	¿Tiene habitación individual?
	el meteorólogo / la meteoróloga	Meteorologe/Meteorologin	El meteorólogo anunció una tormenta.
	marítimo/-a	Meer-, See-	Dimos una vuelta por el paseo marítimo.
4.2	**la red**	Netz	¿Tiene conexión con la red?
	la red de palabras	Mind Map, Wörternetz	Haz una red de palabras para aprender vocabulario.
	referente a	bezüglich, in Bezug auf	Tengo una pregunta referente a su carta.
4.6	***el pronóstico***	Prognose, Vorhersage	Quiero ver el pronóstico del tiempo.
	el medio de comunicación	Kommunikationsmittel	

4.7	**caminar**	gehen, wandern, reisen	= andar
	más o menos	mehr oder weniger, ungefähr	El vuelo dura más o menos dos horas.

5 Ciudad Futura

5.1	**la correspondencia**	Entsprechung; Briefwechsel	No encuentro la correspondencia.
	imprimir a/c	etw. (ab)drucken	Quiero imprimir este artículo.
	borrar a/c	etw. löschen, ausradieren	He borrado los archivos que no necesito.
5.2	**cliquear en a/c**	etw. anklicken	Cliquea dos veces.
	la sonrisa	Lächeln	Tiene una sonrisa muy bonita.
	hacer falta	fehlen; nötig sein	Me hace falta un cambio en mi vida.
	excitante	aufregend, spannend	Es una película muy excitante.
5.3	**dichoso/-a**	glücklich	= feliz
	el estilo	Stil	Tenemos estilos de vida muy diferentes.
	la rutina	Routine; Route, Weg	Odio la rutina.
	allá	dort, da; *hier:* jenseits	¿Hay vida más allá de la muerte?
	el control	Kontrolle	Perdió el control.
	alterar a/c	etw. (ver)ändern	= cambiar
	tratar de + *Inf.*	versuchen zu	= intentar
	sobrecargarse	sich übernehmen, überfordern	No te sobrecargues de trabajo.
	el ritmo	Rythmus	Es un ritmo lento.
	cargarse de a/c	sich um etw. kümmern	A menudo se carga de problemas.
	la tensión	Spannung, Druck	Hay mucha tensión entre ellos.
	agobiarse	sich zu viel zumuten, sich erschöpfen	Haz ejercicios de relajación para no agobiarte.

6 Viento de amor

6.1	**melancólico/-a**	melancholisch, schwermütig	A veces me pongo melancólico.
6.2	***la cima***	Baumkrone, Gipfel	Llegaron a la cima de la montaña.
	a la ventura	aufs Geratewohl	
	la dicha	Glück	= felicidad
	el afán	Sehnsucht	Tiene un gran afán de vivir.
6.3	**la fortuna**	Glück, Schicksal	= suerte
	la casualidad	Zufall	¿Crees en las casualidades?
6.4	**la entonación**	Intonation, Tonfall	¿Cómo es la entonación correcta?

UNIDAD 4: EL NUEVO MUNDO

el Nuevo Mundo	Neue Welt	Se descubrió un Nuevo Mundo.
averiguar a/c	etw. herausfinden, untersuchen	Al final averiguó la verdad.

2 El 12 de octubre: mesa redonda

el continente	Kontinent	América es un continente.
la Virgen del Pilar	*Schutzheilige Spaniens*	¡Qué bonita fiesta de la Virgen del Pilar!
el patrón / la patrona	Schutzheiliger/Schutzheilige	Celebran la fiesta de la patrona.
venerar a alg.	jdn (ver)ehren; jdn anbeten	Veneran a los santos.

	el día de la Hispanidad	Tag der spanischen Völker	El 12 de octubre es el día de la Hispanidad.
	el día de la raza	Tag des Volkes	= día de la Hispanidad
2.1	**el descubrimiento**	Entdeckung	Fue un gran descubrimiento científico.
	el presentador / la presentadora	TV-Ansager/in, Moderator/in	Es la presentadora de las noticias.
	agradecer a/c a alg. (agradezco)	jdm für etw. danken	= dar las gracias
	acá	hier, hierher	= aquí (España)
	la materia	Materie, Stoff, Thema	= tema
	la humanidad	Menschheit; Menschlichkeit	Hay que tratar a todos con humanidad.
	el comienzo	Anfang, Beginn	= principio
	la era	Ära, Zeitalter	Es una ruina de la era precolombina.
	amplio/-a	weit; ausgedehnt; umfassend	Es un terreno muy amplio.
	móvil	beweglich	Es una imagen móvil.
	la división	Teilung, Spaltung	La división fue en tres partes.
	católico/-a	katholisch	Soy católico.
	el/la monarca *m./f.*	Monarch/in	El rey es un monarca.
	musulmán/-ana	mohammedanisch, muslimisch	Sigue las tradiciones musulmanas.
	ibérico/-a	iberisch	España pertenece a la Península Ibérica.
	mover a/c (o → ue: muevo)	etw. bewegen	El viento le movía el pelo.
	mexicano/-a	mexikanisch	Tengo unos amigos mexicanos.
	el martirio	Martyrium	El santo sufrió un gran martirio.
	la explotación	Ausbeutung	Ese trabajo es una explotación.
	hoy (en) día	heute, heutzutage	= actualmente
	la igualdad de derechos	Gleichberechtigung	Las mujeres luchan por la igualdad de derechos.
	la autodeterminación	Selbstbestimmung	El pueblo tiene derecho a la autodetermi-nación.
	el misionero / la misionera	Missionar/in	Es una misionera católica.

paraguayo/-a	paraguayisch	Asunción es la capital paraguaya.
cometer a/c	etw. begehen, etw. tun	¿Quién cometió el asesinato?
la crueldad	Grausamkeit	Es una crueldad matar a los toros.
la religión	Religion	¿De qué religión eres?
americano/-a	amerikanisch	Argentina es un país americano.
el Evangelio	Evangelium	¿Has leído el Evangelio?
el intento	Absicht; Versuch	Tuvo éxito en el intento.
valioso/-a	beachtlich; wertvoll	Es un objeto muy valioso.
la comunidad	Gemeinschaft; Gemeinde	¿Cuántos miembros tiene la comunidad?
cristiano/-a	christlich	¿Eres cristiano?
la reducción jesuítica	Einrichtung der Jesuiten	¿Cuándo tuvo lugar la reducción jesuítica?
el teólogo / la teóloga	Theologe/Theologin	Los teólogos estudian las religiones.
innovador/a	innovativ	Tiene ideas innovadoras.
el escultor / la escultora	Bildhauer/in	Es un escultor que trabaja con hierro.
suponer a/c (supongo)	etw. voraussetzen, etw. annehmen	El contacto con el Nuevo Mundo supuso grandes cambios.
el choque	Schock; Zusammenstoß/-prall	Fue un choque muy fuerte.
frontal	Frontal-	Está en la parte frontal del edificio.
la destrucción	Zerstörung	≠ construcción
surgir (surjo)	auftauchen, entstehen	Surgieron algunos problemas.
la síntesis	Synthese	= resumen
el/la yanki *m./f. amerik.*	Yankee, Nordamerikaner/in	= estadounidense
el/la inca *m./f.*	Inka	Los incas vivían en Perú.
el/la azteca *m./f.*	Azteke/Aztekin	Los aztecas vivían en México.
la raíz	Wurzel	Mis raíces son africanas y españolas.
el comercio	Handel, Geschäft(sleben)	Hay libre comercio entre los países.
lingüístico/-a	linguistisch; Sprach-	No hay muchas diferencias lingüísticas.
el/la portavoz *m./f.*	Sprecher/in	¿Quién es el portavoz del equipo?

	la colonización	Kolonisierung; Besiedlung	La colonización tenía consecuencias.
	la independencia	Unabhängigkeit; Selbstständigkeit; Freiheit	¿Cuándo se celebra el Día de la Independencia?
	la madre patria	Mutterland	= España
	el ámbito	Umkreis; Bereich; Gebiet	Hay acuerdos en el ámbito económico.
	hispánico/-a	(hi)spanisch	Me gusta la literatura hispánica.
2.2	**hacer referencia a a/c, alg.**	sich auf etw., jdn beziehen; auf etw., jdn verweisen	= referirse a
2.3	**argumentar**	argumentieren, folgern	Podemos argumentar sobre el tema.
	la conjunción	Konjunktion	Las conjunciones unen frases.
	causal	kausal, ursächlich	«Porque» es una conjunción causal.
	puesto que	da ja	= ya que

3 Dos textos sobre el «descubrimiento»

3.1	**carecer de a/c**	etw. nicht haben, etw. entbehren	Carece de medios económicos.
	el noruego / la noruega	Norweger/in	Los noruegos llegaron a América.
	la pimienta	Pfeffer	Ponle sal y pimienta a la carne.
	sin que + *subj.*	ohne dass	Se fue sin que nadie lo viera.
	el sabor	Geschmack, *hier:* Aroma	Esta comida tiene mucho sabor.
	liberar a alg. de a/c	jdn von etw. befreien	¿Cuándo liberaron a los esclavos?
	el revendedor / la revendedora	Zwischenhändler/in	= intermediario/-a
	la especia	Gewürz	¿Qué especias le has puesto a la paella?
	la muselina	Musselin	La muselina es una tela.
	misterioso/-a	geheimnisvoll	Es una mujer muy misteriosa.

el oriente	Orient, Osten	Los países del oriente son más pobres.
el metal	Metall; Erz	El oro es un metal.
impulsar a/c	etw. antreiben, etw. anregen	La corriente impulsó la canoa.
maldito/-a	verflucht, verdammt; bösartig	¡Maldito tráfico!
la plata	Silber	Me regaló un anillo de plata.
exhausto/-a	erschöpft	= agotado/-a
la maldición	Fluch	La bruja le echó una maldición.
emplumado/-a	mit Federn geschmückt	
el temor (a a/c)	Furcht, Angst (vor etw.)	= miedo
la bestia	Tier, Bestie	¿Has visto la película «La bella y la bestia»?
el demonio	Dämon, Teufel	Parece cosa del demonio.
el mal	Übel, Leid; Unglück, *hier:* das Böse	≠ el bien
el fuego	Feuer, Brand; Hitze, Leidenschaft	¿Me das fuego, por favor?
el valor	*hier:* Mut, Tapferkeit	No tiene el valor de enfrentarse con ella.
oponer resistencia a a/c, alg. (opongo, opones)	etw., jdm Widerstand leisten	= resistir
la sangre	Blut; Geblüt	Ha perdido mucha sangre.
la grandeza	Größe, Macht	= poder
el maleficio	Unheil	
la fe	Glaube; Vertrauen	Tiene fe en Dios.
el brillo	Glanz, Schein	Vi un brillo de luz muy fuerte.
humilde	demütig, bescheiden; gering, arm	Es de una familia muy humilde.
3.2 **la oración**	Satz; Gebet	= la frase
el impulso	Impuls, Antrieb, Anregung	La economía necesita un impulso.
la travesía	Überfahrt, Seereise	La travesía duró tres meses.
3.4 **reformular a/c**	etw. noch einmal formulieren	= formular otra vez

3.5	**la conquista**	Eroberung	Durante la conquista murieron muchos indígenas.

4 Aprender mejor: averiguar el significado

4.1	**la decisión**	Entscheidung	Es tu decisión.
	el plural	Plural, Mehrzahl	≠ singular
4.2	**la categoría**	Kategorie	Pertenece a otra categoría.
4.6	**la pizza**	Pizza	Me apetece una pizza.
	la marcha	Marsch; Abreise; Gang	¿Cuántas marchas tiene esta bici?

5 Un poco de gramática: sobre el acento

5.1	**el acento**	Akzent	¿Se escribe con acento?
	gráfico/-a	grafisch	El acento gráfico también se llama tilde.
	tónico/-a	betont	= con acento
	la intensidad	Intensität, Nachdruck	Vivía una pasión de gran intensidad.
5.2	**penúltimo/-a**	vorletzte/r/s	Quedó penúltimo en la competición.
	el perejil	Petersilie	Con perejil tiene mejor sabor.
	la acentuación	Betonung	¿Es correcta la acentuación?
5.5	**la vocal**	Vokal, Selbstlaut	En español hay cinco vocales.
	la consonante	Konsonant, Selbstlaut	¿Cuántas consonantes tiene esta palabra?

5.6	***el coro***	Chor	Canto en un coro.
	el canon	Kanon	El canon es un canto para coro.
	el padre	Vater; Pater, Geistlicher	= el cura
	proyectar a/c	etw. projizieren; etw. planen, beabsichtigen	Se va a proyectar la construcción de un puente.
	la realización	Realisierung, Verwirklichung	La realización del proyecto procede.
	el túnel viario	Straßentunnel	
	la fase	Phase, Stadium	Es la última fase del proyecto.

6 Les Luthiers

	el luthier	Instrumentenbauer	El luthier hace guitarras.
6.2	**la introducción**	Einleitung	Empezó con una introducción.
	el adelantado	Pionier	
	el gobernador / la gobernadora	Gouverneur/in, Statthalter/in	¿Quién es el gobernador de la provincia?
	el capitán	Kapitän, Hauptmann	Es una orden del capitán.
	procedente de	aus ... kommend, aus ... stammend	Llegó un avión procendente de Madrid.
	la Edad Media	Mittelalter	Este castillo es de la Edad Media.
	la expedición	Expedition	¿Cuándo sale la expedición?
	la cantata	Kantate	Es una cantata muy famosa.
	la hazaña	Heldentat	El poema describe las hazañas del héroe.
	singular	einzig(artig); ungewöhnlich	Tiene una singular manera de cantar.
	envolver a/c en, con (o → ue: envuelvo)	etw. einwickeln in, etw. verwickeln in	Está envuelto en un asunto de mucho dinero.
	desenvolverse	*hier:* sich befreien	

	épico/-a	episch, Helden-	Es un personaje épico.
	redactar a/c	etw. abfassen, etw. redigieren	Tengo que redactar un informe.
	o sea	mit anderen Worten, das heißt	= es decir
	oficial	offiziell, amtlich	El español es la lengua oficial.
	doble	doppelt	Gana el doble que antes.
	el/la artista *m./f.*	Künstler/in	La artista tuvo mucho éxito.
	integrar a/c (en)	etw. integrieren (in), etw. einfügen (in); etw. bilden	= forman
	aplaudir (a alg.)	(jdm) Beifall spenden, klatschen	
	el espectador / la espectadora	Zuschauer/in	Los espectadores aplaudieron mucho.
	crear a/c	etw. (er)schaffen, etw. errichten; *hier:* etw. schreiben	Han creado una gran obra de arte.
	la actuación	Auftritt, Konzert	Fue una actuación estupenda.
	la trayectoria	Werdegang; *hier:* Zusammenarbeit	
	el/la fabricante *m./f.*	Fabrikant/in, Hersteller/in	Esta es la garantía del fabricante.
	el constructor/la constructora	Erbauer/in, Baumeister/in	= fabricante
	la formación	Formation; Gestaltung; *hier:* Gruppe	¿Cuándo se fundó la formación?
	la presentación	Vorstellung, Darstellung	Mañana es la presentación del nuevo cedé.
6.3	**el narrador / la narradora**	Erzähler/in	El protagonista es el narrador.
	el nativo / la nativa	Einheimischer/Einheimische, Muttersprachler/in	= indígenas
	culminar	den Höhepunkt erreichen; *hier:* beenden	= acabar
	la carabela	Karavelle *(mittelalterl. Segelschiff)*	Colón llegó a América en una carabela.
	la porfía	Beharrlichkeit	Toda su porfía era inútil.
	la galanura	Eleganz	
	clavar a/c	etw. befestigen	El perro le clavó los dientes.

	la espada	Degen, Schwert	Lucharon con espadas.
6.4	*la sátira*	Satire	Es una sátira a la sociedad de la época.
	el episodio	Episode	El tercer episodio es el mejor.

Opción 1: PARA ESCUCHAR, DESCRIBIR Y JUGAR

1 Escuchar e imaginar

1.1	*el estribillo*	Refrain	El estribillo se repite dos veces.
	la nena	Mädchen, Liebes *(Kosewort)*	= niña
1.3	*el impermeable*	Regenmantel	Llévate el paraguas o el impermeable.
	el hatillo	kleines (Kleider-)Bündel	En el hatillo lleva ropa.
	borrarse	verschwinden	Se han borrado las huellas.
	la peca	Sommersprosse	Tiene la cara llena de pecas.
	veloz	schnell, flink	= rápido
	de punta a punta de la ciudad	in der ganzen Stadt	La buscaron de punta a punta de la ciudad.
	el bocado	Happen, Bissen	Le dio un bocado al bocadillo.
	el caballito trotador	Hoppe-Reiter-Spiel	¿Jugamos al caballito trotador?
1.5	*el ánimo*	Gemütszustand, Laune	¿Qué tal está de ánimo?
	retener a alg. (retengo, retienes)	jdn zurückhalten	La policía lo retuvo dos horas.
	abrazar a alg.	jdn umarmen	= dar un abrazo / Quiero abrazarte.

2 Repaso: pronombres

2.3	***congelado/-a***	gefroren, tiefgekühlt	¿Es pescado fresco o congelado?
	el congelador	Gefrierfach, Gefriertruhe	El helado está en el congelador.

4 Repaso: ¿indicativo o subjuntivo?

en caso de que + *subj.*	falls	En caso de que no pueda ir, llámeme.
el favor	Gefälligkeit, Gefallen	¿Me haces un favor?
la caloría	Kalorie	Los pasteles tienen muchas calorías.
el turrón	*spanischer Nougat*	El turrón es típico de Navidad.
me da igual	das ist mir egal	– ¿Té o café? + Me da igual.

5 Un juego: la telaraña

la telaraña	Spinnwebe, Spinnennetz	Hay una telaraña en la pared.
el dado	Würfel	Jugamos a un juego de dados.
sumar a/c	etw. summieren, etw. addieren	Hay que sumar los puntos.
la araña	Spinne	Esa araña no es peligrosa.
el flan	Karamellpudding	De postre quiero un flan.
el maratón	Marathon(lauf)	¿Quién ganó el maratón?

UNIDAD 5: ¿VAMOS EN COCHE?

1 El coche del año – el coche de la vida

1.2	***la tracción***	Antrieb; *hier:* (All-)Radantrieb	¿Cómo es la tracción del coche?
	la tracción delantera	Vorderrad-/Frontantrieb	La tracción delantera es muy fuerte.
	el motor	Motor	El motor está encendido.
	los cv (caballos de vapor)	PS (Pferdestärke)	¿Cuántos cv tiene el motor?
	evocar a/c	etw. hervorrufen	Evocamos historias de la infancia.
	sentirse capaz de + *Inf.*	sich für fähig halten, zu	No me siento capaz de decírselo.
	la gasolina	Benzin	Se está acabando la gasolina.
1.4	**odiar a/c, a alg.**	etw., jdn hassen	≠ querer
	la agresividad	Aggressivität	¿Por qué tiene tanta agresividad?
	el conductor / la conductora	Fahrer/in	Es un conductor profesional.

2 Mientras tenga cuatro ruedas ...

2.2	**la rueda**	Rad	Hay que cambiar la rueda.
	dañar a/c, a alg.	etw. beschädigen, jdn schaden	El tabaco daña la salud.
	el bus	Bus *(Kurzform für autobús)*	= autobús
	circundar a/c	etw. umgeben	Había un muro que circundaba la ciudad.
	la estampa	Bild; Aussehen	Es una estampa de un paisaje típico.
	folclórico/-a	folkloristisch, Volks-	¿Te gusta la música folclórica?
	el talismán	Talisman	Este talismán me trae suerte.
	el chofer *(am.)*	Chauffeur, Fahrer	= conductor
	el club	Klub; Verein	Soy miembro de un club deportivo.
	el borracho / la borracha	Betrunkener/Betrunkene	Los borrachos del pueblo se encuentran en la plaza.

la procesión del Corpus Christi	Fronleichnamsprozession	Todos los años va a la procesión del Corpus Christi.
el discurso electoral	Wahlrede	Fue un discurso electoral pésimo.
la presencia	Anwesenheit, Vorhandensein	≠ ausencia
la fila	Reihe	Nos sentamos en primera fila.
echar a + *Inf.*	anfangen, etw. zu tun	El pájaro echó a volar.
doloroso/-a	schmerzhaft	Fue una pérdida muy dolorosa.
la criatura	Kreatur; *hier:* Kind	= niño/-a
callarse	schweigen	¿Por qué no te callas ya?
no más …	kaum …	= apenas
ponerse de pie	aufstehen	= levantarse
el riñón	Niere	Lo operaron de un riñón.
los riñones *m. Pl.*	Kreuz, Rückgrat	¡Qué dolor de riñones!
como si	als ob	Me siento como si estuviera soñando.
el papel pintado	Tapete	Puso papel pintado en las paredes.
la iluminación	Beleuchtung	La iluminación en esta calle es mala.
aerodinámico/-a	aerodynamisch	
la intención	Absicht	¿Cuáles son sus intenciones?
apreciar a/c, a alg.	etw., jdn schätzen, achten; *hier:* gefallen	Aprecio la buena literatura.
por otra parte	andererseits	≠ por una parte
el cristal	Glas, Fensterscheibe	Rompió el cristal de la ventana.
encasquillarse	stecken bleiben, sich verklemmen	El revólver se encasquilló.
lograr a/c	etw. erlangen, erreichen	= conseguir
la lección	Lektion	¿Ya te has aprendido la lección?
la relatividad	Relativität	¿Qué dijo Einstein sobre la relatividad?

3.2 **el/la testigo** *m./f.*	Zeuge/Zeugin	¿Hay algún testigo del asesinato?
la culpa	Schuld	Tiene sentimientos de culpa.
tener la culpa de	schuld sein an	¿Quién tuvo la culpa del accidente?
el Juzgado de instrucción de guardia	Polizeidienststelle	Fue a declarar al Juzgado de instrucción de guardia.
personarse	sich melden	Se personó …
la dependencia	Zweigstelle	… en la dependencia de comisaría.
acreditar	sich ausweisen	¿Puede acreditar su identidad?
del año en curso	dieses Jahres	= de este año
residente en	wohnhaft in	Soy residente en España.
dicho/-a	besagte/r, genannte/r	Dicha persona fue testigo del caso.
pasar por alto a/c	etw. nicht beachten	Le pasó por alto la falta.
la señal	Kennzeichen, Zeichen, Signal	Hay una señal de stop.
la señal luminosa	Lichtzeichen, *hier:* Ampel	La señal luminosa estaba en verde.
situado/-a en	gelegen in, an	La casa está situada frente a un parque.
atropellar a/c, a alg.	etw., jdn über-/anfahren	Un coche atropelló ayer a un niño.
el/la ciclista *m./f.*	Radfahrer/in	Es un ciclista muy rápido.
el daño físico	(Körper-)Verletzung	Sufrió muchos daños físicos.
la fractura	Bruch	Tiene una fractura de hueso en el brazo.
la costilla	Rippe	Se rompió una costilla.
la contusión	Quetschung, Prellung	La contusión ha sido muy fuerte.
el hematoma	Bluterguss	El golpe le produjo un hematoma.
accidentado/-a	verunglückt	Las personas accidentadas murieron.
cuyo/-a	dessen/deren	La policía busca al conductor, cuya identidad aún no se conoce.
las señas *f. Pl.*	Anschrift, Adresse	= dirección

	efectuar a/c (u → ú: efectúo)	etw. machen, ausführen	= realizar
	la declaración	Erklärung, Aussage	Tiene que firmar la declaración.
	el/la declarante *m./f.*	Unterzeichnender/Unterzeichnende	
	cruzar a/c	etw. überqueren	Cruzó la calle sin mirar.
	ebrio/-a	betrunken	= borracho/-a
	saltarse a/c	etw. auslassen; *hier:* überfahren	= pasar por alto
	chocar con alg.	mit jdm zusammenstoßen	El coche chocó contra un árbol.
	el cruce	Kreuzung	En el cruce hay un semáforo.
	quebrar a/c	etw. (zer)brechen	= romper
	la herida	Wunde, Verletzung	Las heridas no son muy graves.
	bajo	unter	≠ sobre
	plantear un problema	eine Frage aufwerfen	Se planteó el problema del tráfico.
	la red viaria	Straßennetz	
3.3	**formal**	*hier:* stilistisch	= de estilo
3.5	**el aparcamiento**	Parkplatz	Dejé el coche en el aparcamiento.
	la prioridad	Priorität; Vorfahrt	¿Quién tenía prioridad?

4 En el hospital

4.1	**animar a alg.**	jdn aufmuntern	Intenté animarlo un poco.
	la preocupación	Besorgnis, Sorge	Tiene muchas preocupaciones.
	tranquilizar a alg.	jdn beruhigen	¿Conseguiste tranquilizarla?
4.2	***inmovilizado/-a***	unbeweglich	= sin poder moverse

	morado/-a	dunkelviolett	Tiene un ojo morado.
	¡Anímate!	Kopf hoch!	Venga, ¡anímate, hombre!
	un par de	einige, zwei	Estuvo un par de días en el hospital.
	dar de alta a alg.	jdn aus dem Krankenhaus entlassen	Doctor, ¿cuándo me va a dar de alta?
	tremendo/-a	furchtbar, gewaltig	¡Tremendo accidente!
	aplastar a/c, a alg.	etw., jdn platt drücken, zerquetschen	Aplastó la mosca contra el cristal.
	el ánimo	Geist, Seele; Mut	Tiene el ánimo muy bajo.

5 Repaso: partes del cuerpo

5.1	**el vientre**	Bauch, Leib	Tengo el vientre hinchado.
	el pulmón	Lunge	Los pulmones sirven para respirar.
	el hígado	Leber	Su hígado está muy sano.
	el intestino	Darm	Tiene una úlcera en el intestino.

6 Repaso: el subjuntivo

6.1	*¡Qué fastidio!*	So ein Ärger/Verdruss!	¡Otra vez el dolor! ¡Qué fastidio!

7 Cinco horas con Mario

7.1	**el cariño**	Liebling; Liebe, Zuneigung	Cariño, te echo mucho de menos.
	el capricho	Laune, Grille; Wunsch	Siempre tiene algún capricho.

	si me apuras	du zwingst mich ja dazu	
	cada vez que	jedes Mal wenn	Cada vez que te llamo, no estás.
7.2	**reprochar a/c a alg.**	jdm etw. vorwerfen	Le reprochó su falta de interés.

UNIDAD 6: ¡QUÉ BESTIA!

1 Un mundo de animales

1.1	***el gato montés***	Wildkatze	El gato montés es salvaje.
	el quetzal	*Klettervogel in Mittelamerika*	En Yucatán vi un quetzal.
	el desmán / la desmana	Desman/Desmana *(insektenfressendes Säugetier)*	La desmana es un animal muy curioso.
1.2	**la vaca**	Kuh	Es leche de vaca.
	el gallo	Hahn	El galló canta al amanecer.
	el pato	Ente	Le da comida a los patos del parque.
1.3	**fiel**	treu; zuverlässig	Es un amigo fiel.
	independiente	unabhängig, selbstständig	Soy una persona muy independiente.
	dependiente	abhängig	≠ independiente
	obediente	gehorsam, folgsam	Mi perro es muy obediente.
	el/la cabezota *m./f.*	Dickkopf; *auch Adj.:* dickköpfig	¡Qué cabezota eres!
1.4	**doméstico/-a**	häuslich, Haus-	El gato es un aminal doméstico.

	en contra de	gegen, wider	≠ a favor de
	la mascota	Glücksbringer, Haustier	Mi mascota siempre me da suerte.

2 Dijo el asno al burro: ¡arre alla, orejudo!

	el asno	Esel	Es un asno muy cabezota.
	¡Arre!	Hü! Hott!	¡Arre burro!
	el refrán	Sprichwort	¿Qué refranes de animales conoces?
	ajeno/-a	fremd	El retraso se debe a causas ajenas.
2.1	**el león**	Löwe	Vi los leones en el circo.
	vestirse (de)	sich anziehen, sich kleiden (mit)	Se vistió de Superman.
	la seda	Seide	Es un pañuelo de seda precioso.
	mordedor/a	bissig	¡Cuidado, es un perro mordedor!
	la oveja	Schaf	¿Cuántas ovejas tiene el pastor?
	el ratón	Maus	El ratón se comió el queso.
	ladrador/a	bellend	Esta perra no es muy ladradora.
2.2	**el equivalente**	Entsprechung	= correspondiente
	el pez	Fisch	≠ pescado
	el tiro	Schuss; Wurf	Murió de un tiro en el corazón.
	el cuerno	Horn	El toro le clavó los cuernos.
	el lobo	Wolf	El lobo se comió a una oveja.
	canino/-a	Hunde-	= de perros

3 Entre animales

3.1	**el amo / la ama**	Herr/in, Gebieter/in	¿Es usted el amo del perro?
	la correa	Leine	Quítale la correa a la perra.
	delicioso/-a	köstlich	¡Este plato está delicioso!
	el oso	Bär	El oso es un símbolo de Berlín.
	el compadre	Kamerad	¿Qué hay, compadre?
	el quehacer	Geschäft, Arbeit	= tarea/trabajo
	echar a/c, a alg.	etw. (weg)werfen, jdn verjagen	Su mujer lo echó de casa.
	el bosque	Wald	Dimos un paseo por el bosque.
	salir mal parado/-a	schlecht wegkommen	
	el trato	Umgang, Verkehr	¿Cómo es el trato con el jefe?
	el ser humano	Mensch	= persona
	dar comida y cobijo a alg.	jdm Kost und Logis gewähren	Le dio comida y cobijo por unos días.
	la lana	Wolle	Esta chaqueta es de lana.
	el asado	Braten	El asado ya está listo.
	el corderito	Lämmchen	¡Qué corderito tan tierno!
	la ternera	Kalb	¿Es carne de ternera?
3.2	**derivar de a/c**	von etw. abstammen	Esta palabra deriva del árabe.

4 Para practicar

4.1	**aconsejar a/c a alg.**	jdm etw. raten, empfehlen	No sé qué hacer. ¿Qué me aconsejas?
4.2	**captar a/c**	etw. (ein)fangen, etw. erwischen	¿Captas la idea?

5 Platero

5.1	*peludo/-a*	stark behaart, langhaarig	El mono es muy peludo.
	blando/-a	weich, zart, sanft	≠ duro/-a
	acariciar a/c, a alg.	etw., jdn liebkosen, streicheln	Quiero acariciarte.
	tibiamente *Adv.*	behaglich, lässig; (lau)warm	Lo besó tibiamente.
	rozar a/c	etw. leicht berühren, etw. streifen	La hoja rozó el suelo.
	la mandarina	Mandarine	Las mandarinas tienen vitamina C.
	el higo	Feige	Higo con helado de limón - ¡qué rico!
	cristalino/-a	glasklar, Kristall-	Es un agua cristalina.
	la gota / la gotita	Tropfen/Tröpfchen	Le cayó una gota de vino en el vestido.
	la miel	Honig	Esta miel está muy rica.
	mimoso/-a	sensibel, zärtlich	Es un niño muy mimoso.
	la calleja	Gasse	Vamos por esta calleja.
	espacioso/-a	weit, breit; *hier:* gelassen, langsam	
	la edición abreviada	gekürzte Ausgabe	La edición abreviada es más fácil.
	la elegía	Elegie, Klagelied	Es una elegía muy triste.
	el habla	Sprache; Sprechweise, Mundart	= la lengua
	hispano/-a	spanisch	Leo literatura hispana.

6 Un Parque Nacional: Ordesa y Monte Perdido

6.2	**proteger a/c, a alg.** (protejo)	etw., jdn (be)schützen; *hier:* etw. unter Naturschutz stellen	Esta zona está protegida.
	la hectárea	Hektar	¿Cuántas hectáreas tiene el terreno?
	montañoso/-a	bergig, gebirgig	Es una región muy montañosa.
	constituir a/c (i → y: constituyo)	etw. bilden; etw. darstellen	= formar

actual	aktuell, gegenwärtig	Es una noticia muy actual.
el municipio	Gemeinde	¿A qué municipio pertenece el pueblo?
el área *f.*	Fläche; Gebiet	= zona
abarcar a/c	etw. umfassen; etw. enthalten	El parque abarca 2000 hectáreas.
el pico	Berggipfel, Spitze; Schnabel	= cumbre
la grandiosidad	Großartigkeit, Pracht	Admiramos la grandosidad del paisaje.
el/la visitante *m./f.*	Besucher/in	¿Cuántos visitantes hay por día?
geológico/-a	geologisch	Es una formación geológica interesante.
la flora	Flora, Pflanzenwelt	La flora …
la fauna	Fauna, Tierwelt	…y fauna son muy ricas.
variado/-a	mannigfaltig	= diverso/-a
la vegetación	Vegetation	La vegetación es impresionante.
caracterizar a/c, a alg.	etw., jdn charakterisieren	¿Cómo te caracterizarías a ti mismo?
de transición	Übergangs-	Era un período de transición.
la influencia	Einfluss	La contaminación tiene influencia en el medio ambiente.
climático/-a	klimatisch	Va a haber un cambio climático.
atlántico/-a	atlantisch	Está en la costa atlántica.
mediterráneo/-a	mediterran, Mittelmeer-	Me gusta la cocina mediterránea.
el pino	Pinie; Kiefer	En este bosque hay muchos pinos.
el olivo	Olivenbaum	El olivo está lleno de aceitunas.
la higuera	Feigenbaum	Cogimos higos de una higuera.
destacar a/c	etw. hervorheben	¿Qué flor destaca por su color?
el edelweiss	Edelweiß	El edelweiss huele muy bien.
la prímula	Schlüsselblume	
la genciana	Enzian	¿De qué color es la genciana?
el iris	Iris, Schwertlilie	Iris es también un nombre de mujer.
catalogar a/c	etw. erfassen	¿Has catalogado todos los especies?

	el anfibio	Amphibie	La rana es un anfibio.
	el reptil	Reptil	El caimán es un reptil.
	el ave *f.*	Vogel	El quetzal es un ave.
	el nido	(Vogel-)Nest	El pájaro volvió a su nido.
	afortunado/-a	glücklich; begünstigt	Me siento muy afortunada.
	majestuoso/-a	majestätisch	
	el águila real *f.*	Steinadler	En el parque pude ver al águila real.
	la trucha	Forelle	¿Te gustan las truchas?
	la roca	Fels(en)	Es una costa con muchas rocas.
	el jabalí	Wildschwein	El jabalí se parece al cerdo.
	el oso pardo	Braunbär	¿Dónde vive el oso pardo?
	el carnívoro	Raubtier, Fleischfresser	Come carne, es carnívoro.
	atacar a alg.	jdn angreifen	Le atacó un tigre.
	curioso/-a	merkwürdig, sonderbar; neugierig	= raro/-a
	el agujero	Loch	El ratón se escondió en el agujero.
	cazar a/c	etw. jagen	El lobo salío a cazar.
	el gusano	Wurm	Esta manzana tiene un gusano.
	el insecto	Insekt	La mosca es un insecto.
	reciente *Adj.* **(recién** = *Adv.*)	neu, frisch, jüngst	Los huevos son buenos, de fecha reciente.
	numeroso/-a	zahlreich	Hay numerosas especies de aves.
	denominar a/c, a alg.	etw., jdn (be-/er-)nennen	Fue denominado de Parque Nacional.
	la Comunidad Autónoma	Autonome Region	España tiene 17 Comunidades Autónomas.
6.3	**la extensión**	Fläche, Ausdehnung	= superficie
	la palmera	Palme	En Canarias hay muchas palmeras.

6.6	**vegetal**	Pflanzen-, pflanzlich	
	autóctono/-a	eingeboren, Landes-	La flora autóctona es muy rica.
	la protección	Schutz	Si tomas el sol, necesitas protección.
	medioambiental	Umwelt-	Es una ley medioambiental.
7	**El toro**		
7.1	***la corrida***	Stierkampf	¿Has vista alguna vez una corrida?
	el torero	Stierkämpfer	El torero mató al toro.
	el temperamento	Temperament	¡Qué temperamento tiene!

UNIDAD 7: BESOS Y PELEAS

1	**Amor, amor, amor ...**		
1.2	**proceder (de)**	(voran)schreiten, übergehen; handeln; stammen (aus)	No comprendo su forma de proceder. / = actuar
	microscópicamente	minutiös; mikroskopisch	Lo analizaron microscópicamente.
	el proverbio	Sprichwort	Tengo un libro de proverbios castellanos.
2	**Más besos ...**		
2.2	**la pasión**	Leidenschaft	Se besaron con pasión.

	la simpatía	Sympathie	Siento simpatía por él.
	el agradecimiento	Dank(barkeit)	Es un regalo de agradecimiento.
2.3	**el ajo**	Knoblauch	Comer ajo es muy sano.

3 Cuatro vidas

3.1	***el bocadillo***	*hier:* Sprechblase	En este comic hay muchos bocadillos.
3.3	**echar de menos a alg.**	jdn vermissen	Te voy a echar mucho de menos.
	la beca	Stipendium	¡He conseguido la beca!
3.4	**prestar atención a a/c, alg.**	etw., jdn beachten, etw., jdm Aufmerksamkeit schenken	No presta atención a lo que dice el profesor.
	la oración condicional	Bedingungssatz	La conjunción «si» se usa en oraciones condicionales.
	real/irreal	real/irreal	No existe en la realidad, es irreal.
	la oración subordinada	Nebensatz	
	la oración principal	Hauptsatz	≠ oración subordinada
3.5	***la estación de esquí***	Skiort, Skistation	¿A qué estación de esquí vas a esquiar?

4 Para practicar

4.1	**la informática**	Informatik	Tiene buen nivel de informática.

4.2	**inmortal**	unsterblich	No se muere nunca, es inmortal.

5 ¿Te gusta ser cómo eres? Un test de personalidad

	el test	Test	¿Cuál es el resultado del test?
	la personalidad	Persönlichkeit	Tiene una fuerte personalidad.
5.1	***la autoestima***	Selbstbewusstsein	Lo que dijo, dañó su autoestima.
5.2	**felicitar a alg. por a/c**	jdm zu etw. gratulieren	¡Buen trabajo! ¡Te felicito!
	reconocer a/c, a alg. (reconozco)	etw., jdn (wieder)erkennen; etw. anerkennen	No reconoce sus errores.
	mío/mía	mein/e	Esos papeles son míos.
	el cumplido	*hier:* Kompliment	Gracias por el cumplido.
	la comprensión	Verständnis	Sólo te pido que tengas comprensión.
	el/la inútil *m./f.*	Taugenichts	No vale para nada, es un inútil.
	la coherencia	Zusammenhang, Übereinstimmung	Este texto no tiene coherencia.
	el pensamiento	Gedanke, Denken	Evita los pensamientos negativos.
	el acto	Tat, Handlung	= acción
	hipócrita *m./f.*	scheinheilig; heuchlerisch	No le creas, es muy hipócrita.
	obsesionado/-a	besessen (sein)	Está obsesionada con el peso.
	la caloría	Kalorie	El chocolate tiene muchas calorías.
	culpable	schuldig	Me siento culpable por lo que pasó.
	sentirse/estar a gusto	sich gut fühlen	Nos sentimos muy a gusto aquí.
	imitar a alg.	jdn imitieren, jdn zum Vorbild nehmen	Mi hija me imita en muchas cosas.
5.3	**el grado**	Grad	Tiene un grado muy bajo de seguridad.

	tal cual	so wie es ist	Me gusta tal cual.
	el dueño / la dueña (de a/c)	Herr/in (über etw.); Besitzer/in	Soy dueña de mis actos.
	dominar a/c, a alg.	etw., jdn beherrschen, dominieren	Domino perfectamente el español.
5.4	**estar conforme con**	einverstanden sein mit	No estoy conforme con su decisión.

6 ¿Qué dicen? – Charlando en la discoteca

6.1	***dar calabazas a alg.***	jdm einen Korb geben	Todas las chicas le dan calabazas.
6.2	**rechazar a alg.**	jdn ab-/zurückweisen	≠ aceptar

7 Amantes y enemigos

7.1	***las bodas de plata*** *f. Pl.*	silberne Hochzeit	= llevar 25 años casados
	la indemnización	Abfindung, Entschädigung	Tienen que darle una indemnización.
	deambular	wandeln, auf und ab gehen	El hombre deambula por las calles.
	afantasmado/-a	wie ein Gespenst	= como un fantasma
	los gemelos	Zwillinge	¿Los gemelos son exactamente iguales?
	rasurarse	sich rasieren	= afeitarse
	el gorrino	Schwein	Se comporta como un gorrino.
	andar de cabeza	*sich ein Bein ausreißen*	Anda de cabeza con el cambio de casa.
	el aire	Miene; Luft	Tiene un aire de niño pequeño.
	con aire de dignidad ofendida	mit gekränkter Miene	
	el machista	Macho	¿Los hombres latinos son machistas?
	colaborar	mitarbeiten	He colaborado en varios proyectos.

	digno/-a	würdevoll	Es una persona muy digna.
	la mesa puesta	gedeckter Tisch	¿No hay ninguna mesa puesta?
	la olla	(Koch-)Topf	Voy a preparar el pollo en la olla.
	estar dispuesto/-a	(Essen) angerichtet sein; bereit, fertig sein	= estar listo/-a
	proseguir (e → i: prosigo, prosigues)	fortfahren, weitermachen	= continuar
	soltar a/c	etw. von sich geben, veranstalten	Nos soltó un rollo increíble.
	paralelo	parallel, *hier:* gleichzeitig	¿Hay algún otro curso paralelo?
	el gesto	Geste	Fue un gesto muy amable.
	la generosidad	Großzügigkeit; Großmut	La admiro por su generosidad.
	la ternura	Zärtlichkeit; Freundlichkeit	Siento ternura por él.
	fastidiar a alg.	jdn ärgern, jdm auf die Nerven gehen	¡Siempre me estás fastidiando con tus tonterías!
	el califa	Kalif	El califa es musulmán.
	echar una mano a alg.	jdm helfen, mit anfassen	¿Me podrías echar una mano?
	la víctima	Opfer	Fue víctima de un atentado.
7.3	**insoportable**	unerträglich	¡No te aguanto! ¡Eres insoportable!

8 Aprender mejor: escenarios

	el escenario	*hier:* Szenarien *Pl. (Übungstyp)*	¿Has hecho ya el escenario ?
8.1	**planear a/c**	etw. planen	¿Has planeado ya tus vacaciones?
	citarse	sich verabreden	Nos hemos citado en un bar.
	mostrar a/c a alg. (o → ue)	jdm etw. zeigen	= enseñar
	la nota	Notiz	Te dejé una nota en la mesa.

8.2	**la observación**	Beobachtung	Es una observación muy exacta.
	el quebrantahuesos	Bartgeier	El quebrantahuesos es un ave.
	estar entusiasmado/-a	begeistert sein	Está entusiasmada con su nuevo coche.
	la hierba	Gras	¿Nos tumbamos en la hierba?
	almorzar (o → ue: almuerzo)	zu Mittag essen; ein zweites Frühstück einnehmen	¿Almorzamos juntos?
	la entrevista de trabajo	Vorstellungsgespräch	Mañana tengo una entrevista de trabajo.
	estropearse	verderben; kaputt gehen	Se me ha estropeado el ordenador.
	la gasolinera	Tankstelle	¿Paramos en la gasolinera?
	ajustar a/c	etw. einrichten, anpassen, justieren	Hay que ajustar las cuerdas.
	echar un vistazo a a/c	einen Blick auf etw. werfen	Le voy a echar un vistazo al periódico.
	inspeccionar a/c	etw. inspizieren	Hay que inspeccionar el motor.
	terco/-a	starrköpfig, eigensinnig	= cabezota
	arrogante	arrogant	Me parece que es un poco arrogante.
	la disculpa	Entschuldigung	Acepta mis disculpas, por favor.

UNIDAD 8: TRES REGIONES DE ESPAÑA

1 Tres canciones y tres textos

1.1	**vasco/-a**	baskisch	Bilbao es una ciudad vasca.
	gallego/-a	galicisch	Me interesa la cultura gallega.
	el gallego	Galicisch *(Sprache)*	El gallego se habla en Galicia.
	el vasco	Baskisch *(Sprache)*	¿De dónde proviene el vasco?
	el catalán	Katalanisch *(Sprache)*	En Barcelona se habla catalán.

	la democracia	Demokratie	En España hay democracia desde 1978.
	restablecer a/c (restablezco)	etw. wiederherstellen, etw. wieder einsetzen	= volver a establecer
	establecer a/c (establezco)	etw. errichten, einsetzen	Franco estableció una dictadura.
	el (idioma) cooficial	zweite offizielle Sprache	El catalán es un idioma cooficial.
1.3	***el peregrino / la peregrina***	Pilger/in	Los peregrinos van a Santiago.

2 Tres Comunidades Autónomas

2.1	***subdividir a/c (en)***	etw. unterteilen (in)	Berlín estaba subdividida en cuatro partes.
	la comarca	Region	= región
	la autonomía	Autonomie	= gobierno propio
	el estatuto	Status; Satzung	Conseguieron el Estatuto de Autonomía en 1978.
	la bandera	Flagge, Fahne	La bandera española es roja y amarilla.
	dorado/-a	golden, Gold-	Es dorado, pero no es de oro.
	el escudo	Wappen	¿Qué simboliza el escudo?
	frente a	gegenüber, entgegen	Frente a la gran mayoría, el 5 % respondió que no.
	extremo/-a	äußerst, letzt-	Está en el extremo suroeste del país.
	el occitano	Okzitanisch *(Sprache)*	¿Dónde se habla occitano?
	la semejanza	Ähnlichkeit	Se ve la semejanza de los hermanos.
	el portugués	Portugiesisch *(Sprache)*	El gallego se parece al portugués.
	la banda	Streifen; Band; Bande	La bandera tiene bandas verticales.
	diagonal	diagonal, schräg	Dibuja una raya diagonal.
	la Comandancia de Marina	Marinestützpunkt	

	el cáliz	Kelch, Becher	El cáliz se usa en la misa.
	la hostia	Hostie	La hostia simboliza el cuerpo de Cristo.
	el privilegio	Privileg, Vorrecht	Tiene privilegios por ser hijo del director.
	el Santísimo Sacramento	Allerheiligstes	= comunión
	el/la fiel *m./f.*	Gläubiger/Gläubige	El cura habló a los fieles.
	el asturiano / la asturiana	Asturier/in	Soy asturiano, del norte de España.
	el dato	Angabe; Unterlage; Zeugnis	¿De qué fuente ha obtenido los datos?
	el índice	*hier:* Zahl	= número
	la densidad	Dichte	Tiene una densidad de población alta.
	el euskera	Baskisch *(Sprache, auf Baskisch)*	= vasco
	el dialecto	Dialekt	En Mallorca se habla un dialecto del catalán.
	datar (de)	datieren; *hier:* stammen (aus)	El libro data de la Edad Media.
	el navarro / la navarra	Navarreser/in	Soy navarra, de Pamplona.
	medir (e → i: mido)	(ab/ver)messen	¿Cuánto mides?
	aproximadamente	etwa, ungefähr	Está a diez minutos aproximadamente.
	indoeuropeo/-a	indoeuropäisch/-germanisch	El alemán es una lengua indoeuropea.
	milenario/-a	tausendjährig	Es una tradición milenaria.
2.2	**oral**	mündlich	Mañana tengo un examen oral.
	el inicio	Beginn, Anfang	= principio

3 Me gustaría ir a...

3.1	**escalar (a/c)**	klettern, (etw.) besteigen	Este fin de semana vamos a escalar.
3.2	***el volcán***	Vulkan	En Tenerife hay un volcán.

5 Un chiste

5.1	***el bilbaíno / la bilbaína***	*Einwohner/in von Bilbao*	Somos bilbaínas.

6 Repaso: contar una historia

6.1	**al menos**	wenigstens, zumindest	= por lo menos
	a prisa y corriendo	eilig, flugs im Vorbeigehen	Preparó todo a prisa y corriendo.
	la clínica	Klinik	Está en una clínica privada.
	la luz indicadora	Anzeigetafel; Leuchtziffern	Las luces indicadoras señalan la llegada del avión.
	unos cuantos / unas cuantas	einige, mehrere, verschiedene	Solo tengo unos cuantos euros.
	el capital	Kapital	≠ la capital
	volverse	sich umdrehen, zurückkehren	Me volví para decir adiós.
	la mirada	Blick	Échale una mirada a la comida.
	¡Caramba! *amerik.*	Donnerwetter! Mann!	¡Caramba! ¡Mira quién está ahí!
	mágico/-a	magisch; phantastisch	¿Cómo es la palabra mágica?
	licenciarse en a/c	das Staatsexamen ablegen	Me licencié en Filología Inglesa.
	las letras	Geisteswissenschaft	¿Qué prefieres, ciencias o letras?
	el redactor / la redactora	Redakteur/in	Soy redactora de noticias.
	científico/-a	wissenschaftlich	Es un estudio científico.
	el lector / la lectura	Leser/in; Lektor/in	Trabajo de lectora en una editorial.
6.3	**abrazar a alg.**	jdn umarmen	La abrazó con ternura.
	envejecer (envejezco)	alt werden, altern	Últimamente ha envejecido mucho.

6.5	**revisar a/c**	etw. durchsehen, etw. überprüfen; *hier:* etw. wiederholen	Tengo que revisar la gramática.
	la corrección	Korrektur, Verbesserung	La profesora explicó las correcciones.

7 El sistema político español

	el sistema	System	¿Cómo es el sistema de educación?
7.1	**el reino**	Königreich	Antes, España estaba dividida en reinos.
	oficializar a/c	*hier:* offiziell einführen	El rey oficializó la ceremonia.
	identificar a/c, a alg.	etw., jdn identifizieren, erkennen	Han identificado al culpable del asesinato.
7.2	**la cifra**	Ziffer, Zahl	= número
	democrático/-a	demokratisch	España es un país democrático.
	aprobar a/c	etw. verabschieden; etw. genehmigen; etw. absolvieren	¿Cuándo fue aprobada la ley de divorcio?
	la competencia	Kompetenz, Zuständigkeit, Befugnis	El comercio exterior es competencia del estado.
	exclusivo/-a	ausschließlich, exklusiv	El rey no tiene el poder exclusivo.
	el organismo	Organ(ismus), Körperschaft	La ONU es un organismo internacional.
	la diputación (provincial)	(Provinzial-)Landtag	Es un asunto de la diputación.
	el concejal / la concejala	Gemeinderatsmitglied	Es una concejala muy popular.
	votar a/c, a alg.	etw., jdn wählen	¿A quién vas a votar?
	el Diputado / la Diputada	Abgeordneter/Abgeordnete	Los Diputados discuten la ley.
	el Congreso	Abgeordnetenhaus	La reunión tuvo lugar en el Congreso.
	el Senador / la Senadora	Senator/in	El Senador fue elegido de nuevo.
	el Senado	Senat	¿Cuántos Senadores tiene el Senado?

	la Cámara	(gesetzgebende) Kammer, Haus	Trabaja en la Cámara de Comercio.
	las Cortes	*Parlament (Spanien)*	El parlamento español se llama las Cortes.
7.3	**municipal**	städtisch, Gemeinde-	Van a construir un parque municipal.

8 El juego de las Autonomías

afirmativo/-a	bejahend, *hier:* positiv	≠ negativa
bilingüe	zweisprachig	Es bilingüe, habla alemán y español.

Opción 2 : EL NAÑDUTÍ

1 Paraguay: un escritor latinoamericano y su país

1.1	***biográfico/-a***	biographisch	Es una novela biográfica.
	cronológicamente	chronologisch	Escribe tu currículo cronológicamente.
	la caída	Fall; Sturz	¿Cuándo fue la caída del Muro de Berlín?
	el dictador	Diktator	El dictador dio un golpe de estado.
	el supremo / la suprema	Oberste/r/s, Letzte/r/s, Höchste/r/s	El supremo no tiene superiores.
	la expulsión	Ausweisung	La expulsión fue debida a sus ideas políticas.
	la ciudadanía	Staatsangehörigkeit	Ha solicitado la ciudadanía alemana.
	el exilio	Exil	Volvió después de diez años de exilio.

el guaraní	*Indiosprache in Paraguay und Corrientes/Argentinien*	El guaraní es una lengua indígena que se habla en Paraguay y Argentina.
1.3 *la mayúscula*	Großbuchstabe	Los nombres propios se escriben con mayúscula.
el portugués / la portuguesa	Portugiese/Portugiesin	¿Adónde emigraron los portugueses?
el drama	Drama	= obra de teatro
la paja	Stroh; Strohhalm	La paja está seca.
terrible	schrecklich	Fue un accidente terrible.
la tormenta	Gewitter; Sturm	¡Qué nubes! Va a haber tormenta.
a escondidas	heimlich; versteckt	Se veían a escondidas.
poseer a/c	etw. besitzen	= tener
estar de regreso	zurück(gekommen) sein	Estaré de regreso en dos semanas.
estallar	platzen; ausbrechen	¿Cuándo estalló la revolución?
la revuelta	Revolte, Aufruhr	En la revuelta, había muchas víctimas.
la represión policial	staatliche/polizeiliche Repression	Durante la dictadura había mucha represión policial.
con regularidad	regelmäßig	Veo a mis padres con regularidad.

2 En el centro-sur de Sudamérica

2.1 *el hemisferio*	Hemisphäre, (Erd-)Halbkugel	La tierra se divide en dos hemisferios.
sudamericano/-a	südamerikanisch	= de América del Sur
la república	Republik	¿Quién es el presidente de la república?
auténtico/-a	authentisch, echt	= verdadero/-a
mestizo/-a	Mestizen-	Soy de origen mestizo.
la lejanía	Entfernung	= la distancia

	determinar a/c	etw. bestimmen, etw. beschließen, etw. zur Folge haben	El nuevo gobierno determinó grandes cambios en el país.
	el aislamiento	Isolierung; Zuflucht	Buscó aislamiento en una isla.
	poblado por	bevölkert von	La región fue poblada por los mayas.
	el territorio	Gebiet	= zona
	la salida	*hier:* Zugang	Esta puerta tiene salida al garaje.
	el poder	Macht; Kraft	Es una persona con mucho poder.
	implantar a/c	etw. einführen, etw. einsetzen	¿Cuándo se implantó el sistema democrático?
	férreo/-a	eisern, hart	= duro/-a
	conservador/a	konservativ	Votó al candidato conservador.
	la dictadura militar	Militärdiktatur	¿Cuánto duró la dictadura militar?
	los encajes *m. Pl.*	Spitzen	Compré un pañuelo de encajes.
	a mano	von Hand, mit der Hand	Es artesanía, está hecho a mano.
2.2	***los medios informativos*** *m. Pl.*	Medien	La noticia aparece en todos los medios informativos.
	limítrofe	angrenzend, Grenz-	España y Portugal son países limítrofes.
	el adversario / la adversaria	Gegner/in, Widersacher/in	= enemigo/-a
	puro/-a	rein, klar	Este agua es muy pura.

3 El ñandutí

3.3	***el baúl***	Koffer; Truhe	El baúl está lleno de recuerdos.
	el presagio	Vorzeichen; Ahnung	Es un buen presagio.
	tejer	weben, flechten; *hier:* spinnen	El vestido está tejido a mano.
	la araña	Spinne	La araña teje su tela.

4 Repaso: el uso de los tiempos del pasado

4.1	***entre paréntesis***	in Klammern	Los ejemplos están entre paréntesis.
	el alrededor	Umgebung	Le gusta tener gente a su alrededor.
	la casona	altes Herrenhaus	Vive en una casona de pueblo.
	el ejército	Heer, Armee	Estuvo dos años en el ejército.
	vivaz	lebhaft	= vivo/-a
	franco/-a	frei; offen(herzig), aufrichtig	= sincero/-a
	acostumbrarse a a/c, alg.	sich an etw., jdn gewöhnen	Me he acostumbrado ya a vivir aquí.
	el patio	(Innen-)Hof	Es un patio colonial.
	frondoso/-a	dicht; dicht belaubt	Es un bosque muy frondoso.
	el lapacho	*Baumart im Regenwald*	El lapacho es un árbol.
	lejano/-a	entfernt, fern	≠ cercano/-a
	amado/-a	geliebte/r/s	Echa de menos a su amado marido.
	la patria	Heimat, Vaterland	Dejó su patria cuando era niño.
	profundo/-a	tief	Nos une una profunda amistad.
	emprender a/c	etw. unternehmen	Emprendieron una gran aventura.
	vaciar a/c (i → í: vacío)	etw. (aus)leeren	Han vaciado el frigorífico.
4.2	***el lago***	See	Es un lago precioso.
	el encuentro	Begegnung, Treffen	¿Dónde tiene lugar el encuentro?
	el coche de alquiler	Mietwagen	Es un coche de alquiler, no es nuestro.
	la invitación	Einladung	¿Has recibido la invitación?
	la vuelta	Rückfahrt, Rückkehr	≠ la ida
	dar una vuelta	einen Spaziergang machen	¿Vamos a dar una vuelta por el parque?
	estar estresado/-a	gestresst sein	Estoy muy estresado. ¡No aguanto más!

5 El subjuntivo

5.1	***lamentablemente***	bedauerlicherweise, leider	Lamentablemente no puedo ayudarla.
	el jefe / la jefa de sección	Abteilungsleiter/in	Quiero hablar con la jefa de sección.
	el olor	Geruch, Duft	¡Qué olor! ¿Adónde vas tan perfumado?
	el cigarrillo	Zigarette	¿Me das un cigarrillo, por favor?
	el archivo	Archiv; Ablage	El documento está en el archivo.
	inmediatamente	sofort, unverzüglich	= enseguida
	traducir a/c (traduzco, traduces)	etw. übersetzen	Estoy traduciendo una canción de español a alemán.
	a no ser …	wenn nicht …, es sei denn …	Nos vemos luego, a no ser que trabaje.
5.2	***el compromiso***	Kompromiss; Verpflichtung	Tengo un compromiso muy importante.
5.4	***airear***	lüften	Hay que airear la habitación.
	gracioso/-a	anmutig; witzig	¿Os cuento un chiste muy gracioso?

UNIDAD 9: SI HUBIERAS ESTADO AQUÍ…

1 ¡Qué desastre!

1.4	**destruir a/c** (i → y: destruyo)	etw. zerstören, etw. vernichten	≠ construir
	urbanizar a/c	etw. bebauen, etw. erschließen	Van a urbanizar esta zona.
	destrozar a/c	etw. zerstören, etw. verwüsten	Están destrozando la naturaleza.

	el trabajador / la trabajadora	Arbeiter/in, Arbeitnehmer/in	La empresa tiene 500 trabajadores.
	el bloque	(Häuser-)Block; Klotz	Vive en un bloque de apartamentos.
1.6	***el mallorquín / la mallorquina***	Mallorquiner/in	¿Dónde pasan las vacaciones los mallorquines?

2 Si estuvieras aquí

2.1	**el caos**	Chaos	¡Qué caos hay aquí!
	pasar(se)lo en grande	seinen Spaß haben	En Mallorca nos lo pasamos en grande.
	el borde	Rand; Saum; Ufer	Estuvo al borde de la muerte.
	el ataque de nervios	Nervenzusammenbruch	Sufrió un ataque de nervios.
	cagar	scheißen, kacken	El perro está cagando en el jardín.
	la alfombra	Teppich	La alfombra está un poco sucia.
	a tope	bis zum Anschlag, sehr laut	Mi vecino pone la música a tope.
2.2	**el correo electrónico**	E-Mail	Mándame un correo electrónico.
	lamentarse de a/c	über etw. klagen, jammern	= quejarse
	el horno	(Back-)Ofen	El asado está en el horno.
2.4	***la pasta***	Pasta, Teigwaren	Como pasta muy a menudo.

3 Expresar condiciones

3.1	**en caso de que** + *subj.*	falls	En caso de que no pueda ir, te llamo.
	pagar a plazos	in Raten zahlen	Estoy pagando el coche a plazos.

	la autorización	Bevollmächtigung, Ermächtigung	Necesita una autorización de sus padres.
	la verbena	Sommernachtsfest	Hay verbena en la plaza del pueblo.
	a no ser …	wenn nicht …, es sei denn …	Llegaré pronto, a no ser que pase algo …
3.2	**caber** (quepo, cabes)	Platz haben; hineingehen/-passen	No cabe nada más en la maleta, está llena.

4 Aprender mejor: la gramática

4.1	**con tal de que …** + *subj.*	vorausgesetzt, dass …	Te dejo el coche con tal de que me lo traigas mañana.
	siempre que … + *subj.*	wenn …, vorausgesetzt, dass …,	Puedes ir a la disco siempre que no vuelvas tarde.

5 El español en los Estados Unidos: «Livin' la vida loca»

5.2	**el lenguaje**	Sprache	¿Cómo es el lenguaje de los jóvenes?
5.5	**mero/-a**	pur; fast	Lo encontré por una mera casualidad.
	hallar a/c, a alg.	etw., jdn finden, (an)treffen; jdm begegnen	= encontrar
	el tesoro	Schatz	¿Dónde está el tesoro del pirata?
	el chicano / la chicana	*Angehörige/r der spanischsprechenden Bevölkerungsgruppe in den Südstaaten der USA; Mexikaner/innen in den USA*	

5.6	*recrear a/c*	*hier:* etw. bewirken, etw. hervorrufen	La autora recrea un ambiente de nostalgia.

6 Una guerra – dos perspectivas

6.3	**estadounidense**	nordamerikanisch	= de Estados Unidos
	el colono	Kolonist, Siedler	Los colonos eran de origen europeo.
	el ciudadano / la ciudadana	Staatsbürger/in; Bewohner/in	Los ciudadanos alemanes no necesitan visado.
	la esclavitud	Sklaverei	¿En qué siglo comenzó la esclavitud?
	el territorio	Gebiet	El territorio estaba poblado por indios.
	la doctrina	(Glaubens-)Lehre	¿Crees en la doctrina católica?
	el dominio	Macht, Herrschaft; Gebiet; Beherrschung *(einer Sprache)*	¿Hasta dónde llegó el dominio de los americanos?
	las fuerzas *f. Pl.*	Streitkräfte, Truppen	Las fuerzas americanas ocuparon la isla.
	el ejército	Heer, Armee	Era un ejército muy poderoso.
	enemigo/-a	feindlich	Vencieron al ejército enemigo.
	el tratado	Vertrag, (Staats-)Abkommen	Firmaron el tratado.
	texano/-a	texanisch	= de Texas
	la expansión	Expansion, Ausdehnung	Hacen una fuerte política de expansión.
	dar lugar a a/c	zu etw. Anlass geben	Su comportamiento dio lugar a una pelea.
	iniciar a/c	etw. einleiten, etw. beginnen	= comenzar
	concluir a/c (i → y: concluyo)	etw. beenden, etw. beschließen; etw. folgern; etw. entscheiden	= terminar
	dificultar a/c	etw. erschweren, etw. behindern	La falta de armas dificultó la lucha.
	la revuelta	Revolte, Aufruhr	Hubo una revuelta contra el gobierno.
	interno/-a	innere/r/s, innerlich	Es un problema interno.

	desunir a/c, a alg.	etw., jdn trennen, entzweien	≠ unir
	invasor/a	feindlich, angriffslustig	Murió luchando contra el pueblo invasor.
	imponer a/c a alg. (impongo)	jdm etw. auferlegen, aufzwingen	Él impuso sus reglas.
	indefenso/-a	wehrlos	Son niños y niñas indefensos.
	la porción	Portion, Teil; Menge	¿Quieres otra porción de pastel?
6.6	***prever a/c***	etw. voraussehen	Se preveía un aumento de la población.
	la minoría	Minderheit	≠ mayoría
	el afroamericano / la afroamericana	Afroamerikaner/in	Soy de origen afroamericano.
	ilegal	illegal, gesetzwidrig	Es un negocio ilegal.
	el/la inmigrante *m./f.*	Einwanderer/in	¿Cuántos inmigrantes hay en España?
	la discriminación	Diskriminierung, Benachteiligung	Hay mucha discriminación.
	persistir	bestehen, anhalten, andauern	Algunos prejuicios persisten todavía.

7 Aprender mejor: aprender con todos les sentidos

7.1	**el olor**	Geruch, Duft	No me gusta el olor a cebolla.
7.2	***la torta***	Pastete, Torte	Esta torta está muy rica.
	la sardina	Sardine	¿Son frescas las sardinas?
	el orégano	Oregano	El orégano huele muy bien.
	el chile	Chilipfeffer	Esta comida tiene mucho chile.
	serrano/-a	Berg-, Gebirgs-	= de la sierra
	finamente	fein, zart	Corta el jamón finamente.
	evitar a/c, a alg.	etw. vermeiden; jdn meiden	No pudo evitar el accidente.
	llorar	weinen, trauern	¿Por qué lloras?

picar	stechen, beißen; *hier:* etw. klein schneiden	Hay que picar los chiles.
infinidad de veces	unzählige Male	= muchas veces
sensible	sensibel, empfindlich	Es un niño muy sensible.
la tía abuela	Großtante	= hermana de la abuela
adelantarse	vorrücken, vorangehen; überholen	≠ retrasarse
prematuramente	frühreif; verfrüht; vorzeitig	La niña nació prematuramente.
determinar a/c	etw. bestimmen, etw. beschließen, etw. zur Folge haben	= tener como consecuencia
tener cuidado de a/c	auf etw. Acht geben, sich vor etw. hüten	Ten cuidado de no manchar.
dorarse	sich bräunen; goldbraun werden	Ten cuidado que no se doren demasiado.
retirar a/c de	etw. wegnehmen von	= quitar
incorporar a/c	etw. einfügen; *hier:* etw. dazugeben	= echar
el esqueleto	Skelett, Gerippe	Han encontrado un esqueleto.
reposar	ruhen; schlafen	Tiene que reposar una hora.
la preparación	Vorbereitung; Zubereitung	La preparación es bastante fácil.
el relleno	Füllung	¿Cómo se hace el relleno?
despedir a/c, a alg. (e → i: despido)	jdn verabschieden; etw. ausströmen	¡Hm – qué olor despiden las galletas!
igualar a a/c, alg.	etw., jdm gleichkommen, etw. jdm gleich sein	A cocinar no hay quien la iguale.
hacer una gran inhalación	tief einatmen	
el humo	Rauch, Qualm; Dunst	Abre la ventana, hay mucho humo.
peculiar	besondere/r/s, eigen(tümlich)	Tiene una peculiar manera de reir.
percibir a/c	etw. wahrnehmen, etw. empfinden	Percibo una cierta agresividad.
el recoveco	Wegbiegung; *hier:* letzter Winkel	Es un parque con muchos recovecos.

8 ¡Ojalá...!

8.3	**exclamar a/c**	etw. (aus)rufen	Cuando lo vio, exclamó: ¡Qué sorpresa!

UNIDAD 10: RUNA SIMI

2 Esto es Perú

2.1	**el conflicto**	Konflikt	¿Cómo se resolvió el conflicto?
	el régimen totalitario	totalitäres Regime	
	el militar	Soldat, Militär	= el soldado
	la década	Dekade, Jahrzehnt	Me gusta la música de la década de los 80.
	la escala	Leiter, Treppe; Skala	¿Qué es lo primero en tu escala de valores?
	remontarse a a/c	auf etw. zurückgehen *(zeitl.)*	La tradición se remonta al siglo XV.
	la agricultura	Ackerbau, Landwirtschaft	Hay que invertir en la agricultura.
	la existencia	Existenz, Dasein	Creo en la existencia de Dios.
	étnico/-a	ethnisch, Volks-	En Perú hay mucha variedad étnica.
	sumar a/c	etw. zusammenzählen; (Betrag) ausmachen	Suma todas las cifras.
	el/la descendiente *m./f.*	Nachkomme, Nachfahre	≠ antepasado/-a
	el imperio	Reich; Herrschaft, Macht	Era un imperio muy poderoso.
	quechua *m./f.*	Ketschua- *(indigenes Volk und Sprache)*	Me interesa la cultura quechua.
	el virreinato	Vizekönigreich	El imperio español tenía virreinatos.
	proclamar a/c	etw. proklamieren, etw. ausrufen	¿En qué año se proclamó la guerra?

	el oeste	Westen	≠ este
	el aymara	*Indiosprache in Bolivien und Peru*	El aymara es una lengua indígena.
	amerindio/-a	indianisch	= indio/-a de América
	el/la indígena *m./f.*	Ureinwohner/in, Einheimischer/in	Murieron muchos indígenas.
	la selva	Wald; Urwald	La Amazonia es una selva.
	el catolicismo	Katholizismus, katholischer Glaube	= doctrina/religión católica
	la religión animista	Religion eines Naturvolkes	
2.2	**la semilla**	Samen	La semilla dio su fruto.
	comestible	essbar	Es una planta comestible.
	la llanura	Ebene, Flachland	En la Mancha hay grandes llanuras.

3 Palabras que unen oraciones: conectores

	el conector	Konnektor	Conectores son, por ejemplo, «y», «pero», etc.
3.2	**comportarse**	sich benehmen	Se comporta de una forma extraña.
	el protocolo	Protokoll; Etikette, *hier:* Sitten	La ceremonia se celebró según el protocolo.
3.3	**a propósito**	apropos, übrigens	A propósito de Madrid; ¿sabes algo de él?
	por lo tanto	darum, daher	No puedo aceptarlo, por lo tanto me voy.
	de todos modos	auf jeden Fall, jedenfalls	= de todas formas
	el/la electricista *m./f.*	Elektriker/in	¿Cuánto te cobró el electricista?
	el enchufe	Steckdose; Stecker	El enchufe no funciona.

4 El lugar donde se amarra el sol

	amarrar a/c	etw. anbinden, etw. festhalten	Lo amarraron con una cuerda.
4.1	***el varayoc*** *per.*	Stammesoberster, Häuptling	
	el colonialismo	Kolonialismus	El colonialismo dejó muchas huellas.
	la autoridad	Autorität; Herrschaft, Macht	= poder
	el adorno	Schmuck, Verzierung	Lleva adornos en las manos.
	el/la asistente *m./f.*	Assistent/in, Gehilfe/Gehilfin	Soy asistente de la profesora.
	marino/-a	See-, Meer-	Hay muchas especies marinas.
	emitir a/c	etw. ausstrahlen, (aus)senden	El sol emite energía.
	convocar a/c, a alg.	etw., jdn zusammen-/einberufen	Hay que convocar a todo el personal.
	la astronomía	Astronomie	La astronomía es una ciencia.
	la crónica	Chronik, Bericht	Escribieron la crónica de la familia.
	astronómico/-a	astronomisch	= de astronomía
	avanzado/-a	fortschrittlich	Es una tecnología muy avanzada.
	lunar	Mond-	¿Cómo es el paisaje lunar?
	manejar a/c, a alg.	etw. handhaben, jdn bedienen	El aparato es difícil de manejar.
	matemático/-a	mathematisch	Es un problema matemático.
	el prisma	Prisma	El prisma es una figura.
	en honor de	zu Ehren von	Hacen una fiesta en honor de la directora.
	abrupto/-a	abrupt, steil	El camino es muy abrupto.
	andino/-a	aus dem Andengebiet, Anden-	Perú es un país andino.
	la utilidad	Nutzen, Vorteil	Esta máquina es de gran utilidad.
	agrícola *m./f.*	landwirtschaftlich	La producción agrícola aumentó.
	la erosión	Erosion	La erosión es debida al viento.
	fértil	fruchtbar	Aquí el terreno es muy fértil.
	distante	entfernt, fern, abgelegen	= lejano/-a

la manta	Decke, Überwurf	Las mantas están hechas a mano.
el distrito	Bezirk, Gebiet	¿En qué distrito vive?
el sombrero	Hut	Lleva un sombrero negro.
descender (de) (e → ie: desciendo)	abstammen (von); herab-/hinuntersteigen; aussteigen (aus)	Descendemos de los españoles.
el cristianismo	Christentum	El cristianismo causó muchas guerras.
el ídolo	Götze, Abgott; Idol	Tienen ídolos de la naturaleza.
incaico/-a	inkaisch, Inka-	Es una costumbre incaica.
la llama	Lama	La llama es un animal andino.
gracioso/-a	anmutig, witzig	¡Qué historia tan graciosa!
el camello	Kamel	En el desierto hay camellos.
salado/-a	salzig, gesalzen, gepökelt	La comida está un poco salada.
la serranía	Gebirgsland	
resistente	widerstandsfähig, haltbar	Este metal es muy resistente al fuego.
el saco	Sack	En los sacos llevan papas.

5 Un poco de gramática: oraciones impersonales

	impersonal	unpersönlich	≠ personal
5.1	**especificar a/c**	etw. erläutern	Especifique más la descripción.
	recurrir a a/c, alg.	zu etw. greifen, etw. in Anspruch nehmen; sich an jdn wenden	No sé a quién recurrir para pedir ayuda.
	la voz pasiva	Passiv	≠ voz activa
	el interrogativo	Fragewort	«Qué» y «quién» son interrogativos.

5.2	**prevenir a/c, a alg.** (prevengo, previenes)	etw. vorbereiten; etw. verhüten, etw. vorbeugen; jdn warnen	Hay que prevenir las enfermedades.
	el Ministerio de Transportes	Verkehrsministerium	
	instalar a/c	etw. installieren, etw. aufstellen	Han instalado calefacción central.
	el daño	Schaden; Verletzung	Los daños fueron de un millón de euros.
	la tormenta	Gewitter, Sturm	Se acerca una tormenta.
	la infracción	Straftat, Zuwiderhandlung	Es una infracción grave.
	el exceso de velocidad	überhöhte Geschwindigkeit	Conducía con exceso de velocidad.
5.3	**desconocer a/c, a alg.** (desconozco)	etw., jdn nicht kennen, etw. nicht wissen	≠ conocer
5.4	***la Cámara constituyente***	gesetzgebende Kammer	¿Cuántos miembros tiene la Cámara constituyente?

6 Una aventura nocturna

	nocturno/-a	nächtlich	Voy a un curso nocturno.
6.2	**excluir a/c, a alg. de** (i → y: excluyo)	etw., jdn ausschließen von	≠ incluir
	el festín	Festmahl; Fest	Después de la misa empezó el festín.
	anotar a/c	etw. notieren, eintragen	= apuntar
	la partida	Urkunde	Necesito una partida de nacimiento.
	el Registro Civil	Standesamt	No aparece en el Registro Civil.
	prender a/c (a), a alg.	etw. nehmen; etw. befestigen (an)	Prenda una flor a la chaqueta.
	el alfiler	Stecknadel	Me he picado con una alfiler.

el usuario / la usuaria	Benutzer/in, Nutznießer/in	Soy usuario de este banco.
la medianoche	Mitternacht	≠ el mediodía
el balneario	Heilbad, Kurort	Se recuperó en un balneario.
desierto/-a	wüst; leer, wie ausgestorben	Las calles están desiertas.
el mostrador	Ladentisch, Theke	= barra
el cigarrillo	Zigarette	¿Tienes un cigarrillo?
elevar a/c	etw. erheben, emporheben, etw. erhöhen, etw. errichten	Elevó el peso sin ningún problema.
moderado/-a	mäßig, *hier:* leicht	Es una opinión moderada.
la complacencia	Wohlgefallen	Mostró la casa con complacencia.
turbado/-a	verwirrt, verlegen	Se quedó completamente turbada.
aproximarse a a/c, alg.	sich etw., jdm nähern	= acercarse
el mozo	Bursche, Junge; Kellner	El mozo sirvió las bebidas.
de inmediato	unverzüglich, sofort	= enseguida
súbitamente	plötzlich	= de repente
el licor	Likör	¿Le apetece un licor?
retirarse	sich zurückziehen; weggehen	Se retiró a su habitación.
el coñac	Weinbrand, Cognac	Un café con coñac es un carajillo.
los altos *m. Pl.*	oberes Stockwerk	En los altos hay unas oficinas.
la lentitud	Langsamkeit	Trabaja con lentitud.
impacientar a alg.	jdn ungeduldig machen	No me impacientes con tus preguntas.
el cenicero	Aschenbecher	¿Me pasas el cenicero?
experimentar a/c	etw. erproben; etw. fühlen	Experimenté una bonita sensación.
el alivio	Erleichterung	¡Por fin estás aquí! ¡Qué alivio!
el sobresalto	Schreck	= susto
sudar	schwitzen	¡Qué calor! Estoy sudando.

	el umbral	(Tür-)Schwelle	Esperó en el umbral.
	amoroso/-a	liebevoll, verliebt, zärtlich	= cariñoso/-a
	al cabo de	nach	= después de
	disponerse a + *Inf.* (dispongo)	sich anschicken zu	Cuando llamó, me disponía a salir.
	contener a/c, a alg. (contengo, contienes)	etw. enthalten, jdn zurückhalten	No pudo contener su irritación.
	armarse de coraje	seinen Mut zusammennehmen	Se armó de coraje y le contó la verdad.
6.6	**previsible**	voraussehbar, voraussichtlich	Su reacción era previsible.

7 De viaje por los Andes

7.1	**la duración**	Dauer	El vuelo tendrá una duración de 12 horas.
	la geología	Geologie	Estudio geología.
	la etnología	Ethnologie, Völkerkunde	En etnología se estudian los distintos pueblos.
7.2	**fijar a/c**	etw. festlegen; etw. befestigen	Tenemos que fijar la ruta.
	requerir a/c (e → ie: requiero)	etw. benötigen, erfordern, etw. verlangen	Se requieren conocimientos de español.
	facultativo/-a	fakultativ, beliebig	≠ obligatorio
7.4	**el Internet**	Internet	Soy usuario de Internet.

8 Repaso: los tiempos del verbo

8.1	***el documental***	Dokumentarfilm	Es un documental de arte moderno.
	perifrástico/-a	umschreibend	Es una expresión perifrástica.

9 Aprender mejor: escuchar un texto

9.1	**el arqueólogo / la arqueóloga**	Archäologe/Archäologin	El arqueólogo se hizo famoso.
	la búsqueda	Suche	≠ el encuentro
	el biólogo / la bióloga	Biologe/Biologin	La bióloga está haciendo un estudio.
	el/la guía *m./f.*	Führer/in	Necesitamos un guía para ir por la selva.
	técnico/-a	technisch	Tuvimos problemas técnicos.
9.2	***la llovizna***	Nieselregen	No nos mojamos mucho, solo era una llovizna.
	el trayecto	Weg, Strecke	Es un trayecto muy largo.
	el recinto	Umkreis, Raum, Platz	Es un recinto enorme.
	la víbora	Viper	Las víboras son peligrosas.
	la caminata	Wanderung	¡Qué caminata! Estoy agotado.
	internarse en	eindringen in	Nos internamos en un bosque oscuro.
	la ribera	(Fluss-)Ufer	Nadamos hasta la otra ribera.
	primitivo/-a	primitiv	Es una cultura muy primitiva.
	angosto/-a	eng, schmal	= estrecho
	el arroyo	Bach	Había un arroyo cerca del camping.
	el tronco	Baumstamm	Hicimos fuego con unos troncos.
	el apoyo	Stütze, Unterstützung	El apoyo no es muy resistente.
	calzar a/c	etw. sichern, befestigen	¿Estás bien calzada?

	la liana	Liane	En las selvas has muchas lianas.
	arrastrarse	kriechen	Nos arrastramos por el suelo.
	cautelosamente	vorsichtig	= con cuidado
	resbalarse	ausgleiten	Me resbalé con la nieve.
	el instante	Augenblick	= momento
	despedazar a/c, a alg.	etw., jdn zerfetzen	El león despedazó la carne.
	la franqueza	Offenheit	Me dio su opinión con franqueza.
	la orilla	Rand, Saum; Ufer	= ribera
	denso/-a	dicht; dick, unklar	Es un bosque muy denso.
9.3	**el centímetro**	Zentimeter	Mide cinco centímetros.
9.5	*hechizar a alg.*	jdn bezaubern	= encantar
	ser consciente de a/c	sich einer Sache bewusst sein	Soy consciente de lo que he hecho.
	legendario/-a	legendär, sagenumwoben	Es un héroe legendario.
	el emperador / la emperatriz	Herrscher/in; Kaiser/in	¿Dónde nació al emperador Carlos I?
	mítico/-a	mythisch, sagenhaft	= legendario/-a
	el experto / la experta	Experte/Expertin	Los expertos discuten el caso.
	declinar a/c	etw. ablehnen	= rechazar
	el santuario	Heiligtum	¿A qué santo se venera en ese santuario?
	el culto al sol	Sonnenverehrung	Los incas celebraban el culto al sol.
	la virgen	Jungfrau	Los mayas ofrecían vírgenes a sus dioses.
	el patrimonio de la humanidad	Weltkulturerbe	
	el teleférico	Drahtseilbahn	Subimos en el teleférico.
	en las cercanías de …	in der Umgebung von	
	el sendero	Pfad, Fußweg	= camino

UNIDAD 11: NAVEGANDO

	navegar	segeln; *hier:* surfen (Internet)	Pasa horas navegando en Internet.

1 La vida móvil

1.2	**el SMS**	SMS-Nachricht *(short message)*	Un SMS es un mensaje corto.
1.6	***la pantalla***	Lampenschirm; *hier:* Bildschirm	¿Qué ves en la pantalla?
	la transacción	Überweisung	Voy al banco a hacer una transacción.
	la guía telefónica	Telefonbuch	Busca el número en la guía telefónica.
	la confirmación	Bestätigung	¿Ya tienes la confirmación del vuelo?
	chequear a/c	etw. überprüfen, etw. vergleichen	Voy a chequear el horario.
	la comunicación aérea	Flugverbindung	Las comunicaciones aéreas no coincidan.
	meteorológico/-a	meteorologisch, Wetter-	Anunciaron cambios meteorológicos.
	la postal digital	elektronische Postkarte	Ayer recibí una postal digital.
1.8	***el servidor***	Server (Internet)	¿Qué servidor tienes?
	la psicología	Psychologie	Es una experta en psicología.
	el consumidor / la consumidora	Verbraucher/in, Konsument/in	Los consumidores se quejan del precio.
	primaria	primär, Grund- und Hauptschul-	Soy maestra de primaria.
	secundaria	sekundär, Sekundar-	Está en segundo de secundaria.
	la aplicación	Anwendung	Internet tiene diversas aplicaciones.
	la embajada	Botschaft	¿Dónde está la Embajada Española?

	geográfico/-a	geographisch	Van a hacer un estudio geográfico.
	CC.AA.	*Abkürzung für Comunidades Autónomas*	¿Cuántas CC.AA. tiene España?

2 El «Proyecto Hogar»

2.1	***la vigilancia***	Überwachung, Schutz	¿Qué sistema de vigilancia tiene?
2.2	***el teletrabajo***	Telearbeit	En teletrabajo ofrecen puestos.
2.3	***telemático/-a***	telematisch, computergestützt	
	la teleeducación	E-Learning	Puedes estudiar con teleeducación.
	el robot	Roboter	¿Qué trabajos no hace un robot?
	el padre soltero / la madre soltera	allein erziehende/r Mutter/Vater	Es padre soltero con dos niñas.

3 Repaso: el estilo indirecto (presente)

	esperar a/c	etw. hoffen; etw. erwarten, warten	Espero que no pase nada malo.

4 Una historia familiar

4.3	**furioso/-a**	wütend	Estaba tan furioso que me daba miedo.
	la computadora	Computer	= el ordenador
	los encajes *m. Pl.*	Spitzen	El vestido de boda tiene muchos encajes.
	chatear	chatten	Me gusta chatear con mis amigos.

	el reuma	Rheuma	Mi abuelo sufre de reuma.
	el escáner	Scanner	Te hago una copia con el escáner.
4.6	**adaptar a/c**	etw. an-/einpassen	Ya me he adaptado al nuevo trabajo.
	la indicación temporal	Zeitangabe	«Hoy» es una indicación temporal.
	la indicación local	Ortsangabe	«Aquí» es una indicación local.
4.7	**el titular**	Titel, Überschrift, Schlagzeile	A veces leo solo los titulares.

5 ¡Qué pasada!

	¡Qué pasada!	Das ist ja ein Ding!	¡Qué pasada! ¡A la semana de la boda, se separaron!
5.1	*el gordo de la Primitiva*	*Hauptgewinn bei der staatlichen Lotterie*	¿Cuántos millones ganó en el gordo de la Primitiva?
	la droga	Droge(n), Rauschgift	Lo detuvieron por vender droga.
5.2	**el asombro**	Erstaunen; Verwunderung; Schreck	= sorpresa

6 PC Manías

	la manía	Manie, Sucht; Macke	Tiene verdadera manía por la música.
6.2	*el disquete*	Diskette	Este disquete está lleno.
	el altavoz	Lautsprecher	Los altavoces son muy potentes.

	el lector de CD-ROM	CD-ROM-Laufwerk	Está en el lector de CD-ROM.
	la impresora	Drucker	Es una impresora muy rápida.
	el teclado	Tastatur	En mi teclado no hay ñ.
	el módem	Modem	Para entrar en la red necesitas un módem.
	el cable	Kabel	¿De dónde es este cable?
6.3	***bajar a/c***	*hier:* etw. downloaden	Puedes bajarte el programa gratis.
	el enlace	Verbindung, *hier:* Link (Internet)	Aquí tengo una lista de enlaces útiles.
	el disco duro	Festplatte	El disco duro está roto.
	el portal	Portal; Haupteingang; *hier:* Internetportal	Entré en un portal muy interesante.
	estar conectado/-a a Internet	einen Internetanschluss haben	Por fin que estoy conectada a Internet.
	la tarifa plana	Flatrate *(pauschalisierte Internetgebühren)*	La tarifa plana es muy barata.
	la animación	Animation, bewegte Bilder	Mandé una postal con una animación.
	el montaje	Montage, Einrichten	¿Me puedes ayudar con el montaje?

7 Una entrevista

7.1	***inminente***	(nahe) bevorstehend	¿Cómo vas a responder a las inminentes críticas?
	la publicación	Publikation, Veröffentlichung	Celebramos la publicación del libro.
	el placer	Lust, Vergnügen, Freude	Es un placer conocerte.
	el idilio	Idylle	Tuvieron un idilio muy corto.
	secreto/-a	geheim, heimlich; verborgen	Tiene un amante secreto.
	vistoso/-a	ansehnlich; prächtig; herrlich	Lleva un sombrero muy vistoso.
	físicamente	physisch, körperlich	¿Cómo es él físicamente?

	la Estatua de la Libertad	Freiheitsstatue	
	en directo	live	Es un programa en directo.
	ser atento/-a con alg.	zu jdm aufmerksam sein	Su padre fue muy atento con ella.
	ser detallista	aufmerksam sein	Siempre les trae algo a los niños. Es muy detallista.
	arrastrar a alg.	jdn mit-/fortreißen	La droga lo arrastró al robo.
	perder la lógica	den Kopf verlieren	= perder la cabeza
	la ruptura	Riss, (Ab-)Bruch; Trennung	Fue una ruptura muy dolorosa.
	horroroso/-a	entsetzlich, schrecklich	= horrible
	ofender a alg.	jdn beleidigen, jdn verletzen	¿Te he ofendido en algo?
7.4	**el fenómeno**	Phänomen	Es un fenómeno sin explicación.
	perseguir a/c, a alg. (e → i: persigo, persigues)	etw., jdn verfolgen, belästigen	La policía lo persigue desde hace días.

8 Querida Laura...

8.1	***el anuncio publicitario***	Annonce, Werbeanzeige	Hay más anuncios publicitarios que artículos.
8.2	***antaño***	früher, einst	Me gusta la moda de antaño.

UNIDAD 12: ESPAÑA Y EUROPA

1 ¡Europa! – ¿Europa?

1.5	**estar previsto/-a**	vorgesehen sein	La reunión <u>está prevista</u> para el sábado.
	el auge	Aufschwung, Aufstieg	Estamos en un período de <u>auge</u> económico.
	británico/-a	britisch	¿Te gusta el humor <u>británico</u>?

2 Los Estados Unidos de Europa

2.1	***el filósofo / la filósofa***	Philosoph/in	= pensador/a
	la colectividad	Gemeinschaft	Los países forman una <u>colectividad</u>.
	la nación	Nation, Staat	= estado
	el atributo	Attribut, Eigenschaft	¿Con qué <u>atributos</u> lo describirías?
	negar a/c (e → ie: niego)	etw. verneinen, etw. (ver)leugnen	No se puede <u>negar</u>, es evidente.
	la fantasía	Phantasie, Einbildung	= imaginación
	módico/-a	mäßig, beschränkt	Es un precio bastante <u>módico</u>.
	el realismo	Realismus	Mira las cosas con <u>realismo</u>.
	la de muy vieja cotidianidad	*althergebracht*	
	la probabilidad	Wahrscheinlichkeit	La <u>probabilidad</u> de que gane es alta.
2.2	***la federación***	Föderation	Es una <u>federación</u> de deporte.
	el catedrático / la catedrática	(Universitäts-)Professor/in, Hochschullehrer/in	Habla con la <u>catedrática</u> de alemán.

	el occidente	Westen; Abendland	≠ el oriente
2.3	**común**	gemeinsam; gewöhnlich	No tenemos nada en común.

3 Instituciones de la UE

3.1	**la representación**	Vertretung; Darstellung	Habló en representación de su país.
	existente	bestehend	El problema sigue ser existente.
	paneuropeo/-a	gesamteuropäisch	Es un acuerdo paneuropeo.
	esencial	wesentlich, hauptsächlich	= principal
	la ley	Gesetz	Respeta las leyes.
	el presupuesto	Haushalt, Etat; Voraussetzung	El presupuesto es mayor que antes.
	comunitario/-a	Gemeinschafts-; zur EU gehörig	España es un país comunitario.
	la totalidad	Gesamtheit	Votó la totalidad de los participantes.
	la instancia	Instanz	Es una instancia con mucho poder.
	el ministro / la ministra	Minister/in	¿Quién es el Ministro de Educación?
	inscribir a/c, a alg. (en)	etw., jdn einschreiben (in), eintragen (in), etw., jdn anmelden	Usted no está inscrito en la lista del curso.
	el órgano legislativo	gesetzgebendes Organ	¿Qué órgano legislativo aprueba las leyes?
	garantizar a/c a alg.	jdm etw. garantieren	Le garantizamos seguridad.
	la coordinación	Koordinierung	¿Quién se ocupa de la coordinación?
	la organización	Organisation, Einrichtung	Es una organización estatal.
	el sistema institucional comunitario	Institutionen der europäischen Gemeinschaft	
	personificar a/c	etw. personifizieren, verkörpern	= representa
	la ejecución	Aus-/Durchführung, Umsetzung	La ejecución del proyecto fue un éxito.
	conjuntamente con	zusammen mit	= junto con

	la uniformidad	Einheitlichkeit	Los sistemas deben tener uniformidad.
	el juez / la jueza	Richter/in	El juez lo condenó a diez años de prisión.
	monetario/-a	Währungs-, Geld-	¿Cuándo habrá unión monetaria?
	la operación	Operation, Vorgang, Geschäft	Es una operación muy complicada.
	el funcionamiento	Gang, Betrieb, Funktionieren	Espero que el funcionamiento del euro sea bueno.
3.2	*la subvención*	Subvention	El colegio recibe subvenciones del estado.
	racional	rational, vernünftig	Es una propuesta muy racional.
3.3	*el censo electoral*	Wählerliste	Mi nombre está en el censo electoral.
	la inscripción	Einschreibung, Anmeldung	Se pasó la fecha de la inscripción.
	erróneo/-a	irrtümlich, Fehl-	= falso/-a
	tachar a/c	etw. (aus)streichen	Tacha mi nombre de la lista.
	el varón	Mann	= hombre
3.4	*el km² (kilómetro cuadrado)*	Quadratkilometer	La superficie es de 100 km².
	el producto interior bruto	Bruttoinlandsprodukt	El producto interior bruto es muy bajo.
	el poder adquisitivo	Kaufkraft	El poder adquisitivo ha aumentado.
	el desempleo	Arbeitslosigkeit	= el paro
	la importación	Import, Einfuhr	≠ exportación

4 Datos históricos de la España contemporánea

	contemporáneo/-a	zeitgenössisch, modern	Leo literatura contemporánea.
4.2	**el partido**	Partei; Spiel	¿Qué partido gobierna?

la abreviación	Abkürzung, Kürzung	UE es una abreviación.
terrorista *m./f.*	terroristisch, Terror-	El atentado terrorista escandalizó a todos.
4.3 ***la tropa***	Truppe	Las tropas ocuparon la ciudad.
asesinar a alg.	jdn ermorden	¿Quién lo asesinó?
la creación	Gründung; Schöpfung; Erfindung	Es su última creación.
el levantamiento militar	Militärputsch	¿Quién dirigió el levantamiento militar?
el desarrollo	Entwicklung, Förderung	El desarrollo fue muy rápido.
el referéndum	Referendum, Volksabstimmung	El pueblo español votó en un referéndum.
el golpe de Estado	Staatsstreich	El golpe de Estado no tuvo éxito.
la Capital de Cultura	Kulturhauptstadt	¿Qué ciudad es Capital de Cultura?
afectar a/c, a alg.	etw., jdn betreffen; etw., jdn befallen	La enfermedad afectó a muchas personas.
el sucesor / la sucesora	Nachfolger/in	Luis será su sucesor en la empresa.

5 Los Derechos Humanos

5.2 **el individuo**	Individuum, Person	= persona
la dignidad	Würde, Anstand	Es una mujer con mucha dignidad.
la injerencia arbitraria	willkürliche Einmischung	
someter a alg. a …	jdn unterwerfen unter …	Fue sometido a una investigación.
la tortura	Folter; Qual	En la prisión sufrió tortura.
cruel	grausam	Fue un cruel asesinato.
inhumano/-a	unmenschlich	≠ humano/-a
degradante	entwürdigend	Su comportamiento fue degradante.

	la propiedad	Eigentum	La casa es propiedad de la familia.
	el disfrute	Genuss; Besitz, Nutzung	Aprovecha el disfrute de las vacaciones.
	la distinción	Unterschied; Vornehmheit; Auszeichnung	= diferencia
	la raza	Rasse	En Cuba hay mezcla de razas.
	la índole	Denkart, Veranlagung	Es una cuestión de índole personal.
	la persecución	Verfolgung	Fue víctima de la persecución política.
	el asilo	Asyl	Pidió asilo político en Alemania.

6 ¿Extranjero de segunda categoría?

6.1	**la mejora**	Verbesserung	Consiguió una mejora de las condiciones.
	desorientado/-a	verwirrt; *hier:* orientierungslos	Está desorientado. No sabe qué hacer.
	la economía sumergida	illegaler Arbeitsmarkt	¿Cómo funciona la economía sumergida?
	intermitente	zeitweilig	Los emigrantes llegan de forma intermitente.
	las urgencias *Pl. f.*	Notaufnahme, Ambulanz	Me caí y tuve que ir a urgencias.
	dar puntos a alg.	jdn nähen	¿Cuántos puntos te dieron?
	el ambulatorio	Ambulanz	Me curaron en el ambulatorio.
	la cura	Kur; Behandlung	≠ el cura
	encerrar a alg. (e → ie: encierro)	jdn einschließen, einsperren	A veces se encierra en su cuarto.
6.2	**complicarse**	sich verwickeln, sich verschlimmern	El problema se ha complicado bastante.
	el permiso de residencia	Aufenthaltserlaubnis	¿Tiene permiso de residencia?
	estar afiliado/-a a a/c	an etw. angeschlossen sein	Estoy afiliado a una organización.
	la seguridad social	Sozialversicherung	¿Paga la cura la seguridad social?

	el/la residente *m./f.*	Bürger/in	¿Cuántos residentes turcos hay en Berlín?
	extranjero/-a	ausländisch	Vive en un país extranjero.
	la Ley de Extranjería	Ausländergesetz	La Ley de Extranjería ha cambiado.
	el indocumentado / la indocumentada	*Person ohne Ausweispapiere*	= sin papeles
	el sobrenombre	Bei-/Spitzname	¿Tienes algún sobrenombre?
	expulsar a alg. (de)	jdn ausweisen (aus)	Expulsaron a los indígenas de sus tierras.
6.3	***la carta pastoral***	Hirtenbrief	
6.4	***el extracto***	(Text-)Auszug	= fragmento
	el arzobispo	Erzbischof	El arzobispo habló a los fieles.
	la migración	Migration, Wanderung	En las fronteras hay migración.
	complejo/-a	komplex, kompliziert	= complicado/-a
	desgraciadamente	leider, unglücklicherweise	Desgraciadamente no tiene solución.
	intervenir (intervengo, intervienes)	eingreifen, einschreiten	Van a intervenir las tropas.
	el endurecimiento	Verhärtung; *hier:* Verschärfung	Habrá un endurecimiento en las multas.
	el reconocimiento	Anerkennung; Dankbarkeit	Recibió un gran reconocimiento por su buen trabajo.
	la emigración	Emigration, Auswanderung	≠ inmigración
	la patria	Heimat, Vaterland	Dejó su patria por razones políticas.
	la estabilidad legal	gesetzlicher Schutz	Por fin conseguimos estabilidad legal.
	permanente	ständig, Dauer-	Tengo un contrato permanente.
	los naturales *m. Pl.*	gebürtige Einwohner	= los nacidos en el país
	la integración	Integration	Existen programas de integración.
	la convivencia	Zusammenleben	Debe haber armonía en la convivencia.

	basarse en a/c	auf etw. beruhen	La convivencia se basa en el respeto.
	la igualdad	Gleichheit	Las mujeres luchan por la igualdad.
	la justicia	Gerechtigkeit	No siempre hay justicia.
	auténtico/-a	authentisch, echt	= verdadero/-a
	el comportamiento	Verhalten, Betragen	Su comportamiento es extraño.
	metropolitano/-a	weltstädtisch; erzbischöflich	
	juntarse	zusammenkommen, sich versammeln	= reunirse
	legalizar a/c	etw. legalisieren, genehmigen	Tienes que legalizar tus documentos.

7 ¿Extranjera de primera?

7.3	***el sistema educativo***	Schulsystem	¿Es muy diferente el sistema educativo?
	enfadarse con/contra alg.	sich ärgern, böse werden (auf jdn)	Ayer me enfadé con mi novia.
	el colegio concertado	anerkannte Privatschule	¿Son caros los colegios concertados?
	la renovación	Erneuerung, Renovierung; *hier:* Verlängerung	Voy a la policía para la renovación del pasaporte.

8 Pepe

8.1	***la rambla***	*breite, baumbestandene Straße*	¿Has estado en Las Ramblas de Barcelona?
	golpear a alg.	jdn schlagen	Me golpeó en la cara.
	las pelas *f. Pl. (coloquial)*	Geld, Peseten	= pesetas
	no es para tanto	das ist halb so wild	No te preocupes, no es para tanto.

Opción 3: BUSCANDO TRABAJO

1 Importante empresa constructora precisa ...

	la empresa constructora	Bauunternehmen	La empresa constructora pasa una crisis.
	precisar a/c, a alg.	etw., jdn benötigen, brauchen	= necesitar
1.3	*el diseño*	Design	Le ofrecemos un diseño a su gusto.
	con empeño	engagiert	Se prepara con mucho empeño.
	disponibilidad inmediata	ab sofort	Piden disponibilidad inmediata.
	sociable	kontaktfreudig, teamfähig	La chica nueva es muy sociable.
	adaptable	flexibel	No siempre soy adaptable.
	el despacho	Büro	Llámame a mi despacho.
	el entusiasmo	Begeisterung	Tiene un entusiasmo increíble.
	polivalente	vielseitig	≠ monovalente
	la empresa vinculada	Partnerunternehmen	Tiene tres empresas vinculadas.
	la empresa editora	Verlag	= editorial
	menor de	jünger als, unter	≠ mayor de
	la maquetación	Layout, Satz	El libro está listo para la maquetación.
	la incorporación en plantilla	Planstelle	Ofrecen incorporación en plantilla.
	acorde	gemäß, nach	El sueldo es acorde al trabajo.
	el valor aportado	Qualifikation	
	la jornada completa	Vollzeitstelle	≠ jornada partida
	el billetaje	(Eintritts-)Kartenverkauf	¿Quién se ocupa del billetaje?
	el manejo	Bedienung, Handhabung	No entiendo el manejo del aparato.
	la incorporación	Einstellung	La incorporación es el 1 de junio.

	a convenir	nach Vereinbarung	El horario es a convenir.
	la reserva	Reservierung; *hier:* Diskretion	Se pide reserva en los asuntos internos.
	el Curriculum Vitae	Lebenslauf	¿Has enviado el Curriculum Vitae?
	el animador / la animadora	Animateur/in	El animador del hotel es muy sociable.
	el farmaceútico / la farmaceútica	Apotheker/in	Trabaja en una farmacia, es farmaceútica.
	(a) largo plazo	langfristig	Tengo un contrato a largo plazo.

2 Estimada Señora

	estimado/-a	sehr geehrte/r	Si es una carta formal, escribe: «Estimada Sra …».
2.1	***carta de solicitud***	Bewerbung	Mandé 22 cartas de solicitud.
	el registro formal	formales Register	≠ registro informal
	el interiorismo	Innenarchitektur	Estudié Interiorismo cinco años.
	***el CAD** (engl.: **computer aided design system**)*	computergestütztes Programm für technische Konstruktionen	¿Qué significa la abreviación CAD?
	el diploma	Diplom, Zeugnis	¿Tiene usted algún diploma?
	el certificado	Zeugnis, Zertifikat	Necesito un certificado del curso.
	el anexo	Anlage	En el anexo se escribe lo que incluyes.
2.2	***el membrete***	Briefkopf	En el membrete pones la dirección.
	el destinatario / la destinataria	Empfänger/in, Adressat/in	El destinatario es la persona a quien diriges la carta.
	el contenido	Inhalt	El contenido es muy importante.
	la firma	Unterschrift	¿De quién es la firma?
	saludar a alg.	jdn (be)grüßen	Me ha saludado muy atentamente.

	el entrenador / la entrenadora	Trainer/in	Yo soy el entrenador del equipo.
	sin otro particular ...	somit ...	Sin otro particular, me despido ...
	le saluda atentamente	mit freundlichen Grüßen	
	adjunto	als Anlage, beiliegend	Adjunto copia del certificado.

3 Datos personales

3.2	*adjuntar a/c*	etw. beifügen, etw. beilegen	¿Has adjuntado los documentos?

4 Repaso: estilo indirecto

4.1	*hacer papeleo*	Papierkram erledigen	Odio hacer todo ese papeleo.
	el impreso	Formular	= formulario
	la documentación	Unterlagen, (Ausweis-)Papiere	La documentación no está completa.
	no tardar en hacer a/c	nicht lange dauern, bald etw. tun	No tardes en contestarme.
4.2	*el documento*	Dokument, Unterlagen	Los documentos son auténticos.
	el esbozo	Skizze	No es la última versión, es sólo un esbozo.
	venir a buscar a alg.	jdn abholen kommen	¿Cuándo vienes a buscarme?

5 Repaso: perífrasis verbales

	la perífrasis verbales	Verbalkonstruktion; verbale Umschreibung	Hay algunas perífrasis verbales con gerundio.

6 Buenos días, soy ...

6.1	*la vestimenta*	Bekleidung	= ropa
6.4	*el jefe / la jefa de personal*	Personalchef/in	Nuestra jefa de personal es poco simpática.

UNIDAD 13: PUDO HABER SIDO ÉL

1 ¿Conocéis ...?

1.1	**dramático/-a**	dramatisch	El final fue muy dramático.
	policíaco/-a	Polizei-, Kriminal-	Ahora empieza mi serie policíaca favorita.
	la intriga	Intrige, Verwicklung	No puedo dejar de leer. ¡Qué intriga!
1.2	***ambicioso/-a***	ehrgeizig	Es muy ambicioso. Nunca está satisfecho.

2 En la redacción de «EL CORREO»

2.1	**registrar a/c**	etw. registrieren	Este año han registrado 450 accidentes .
	la denuncia	(Straf-)Anzeige	La denuncia es por malos tratos.
	la delincuencia	Kriminalität	Es este barrio hay mucha delincuencia.
	extraordinario/-a	außergewöhnlich, außerordentlich	El paisaje es de una belleza extraordinaria.
	la envidia	Neid, Eifersucht	Tiene envidia de su vecino.
	la detención	Verhaftung	Fue una detención sin violencia.

la provincia	Provinz, Land(schaft)	Es un pueblo de la provincia de Madrid.
atracar a alg.	jdn überfallen	El pobre fue atracado ya dos veces.
armado/-a	bewaffnet	Los ladrones estaban armados.
la prisión	Gefängnis	= cárcel
acusar a alg. de a/c	jdn wegen etw. beschuldigen, anzeigen	Lo acusaron de tener un negocio ilegal.
la compañía estatal de ferrocarriles	staatliche Eisenbahngesellschaft	= RENFE
la suciedad	Schmutz	≠ limpieza
acumular a/c	etw. an-/aufhäufen	Se ha acumulado mucha basura.
leve	leicht, gering(fügig)	≠ grave
la sentencia	Urteil	El juez leyó la sentencia.
el Fondo Mundial para la Naturaleza	Weltnaturfonds	
masivo/-a	massiv, Massen-	Hubo protestas masivas.
la amenaza	Drohung, Bedrohung	Es una amenaza para la sociedad.
el hábitat	Lebensraum	Los animales necesitan su hábitat.
el riesgo	Risiko, Gefahr	Hay riesgo de contaminación.
el incendio	Feuer, Brand	¿Cómo se produjo el incendio?
la tragedia	Tragödie	Su muerte fue una tragedia para la familia.
socialista *m./f.*	sozialistisch	Cuba es un país socialista.
apoyar a a/c, a alg.	etw., jdn (unter)stützen, fördern	Si necesitas ayuda, yo te apoyaré en todo.
la coca	Koka(strauch)	Son hojas de coca.
la sustitución	Stellvertretung, Ersatz	El profesor está enfermo. Necesita una sustitución.
juzgar a/c, a alg.	etw., jdn be-/verurteilen	Fue juzgado por robo.
el delito	Delikt, Straftat	¿De qué delito se le acusa?
el asesinato	Mord(tat)	No fue accidente sino asesinato.
el/la terrorista *m./f.*	Terrorist/in	Es un terrorista peligroso.
inculpar a alg.	jdn beschuldigen	Se le inculpan varios atentados.

	el teniente coronel	Oberstleutnant	Es teniente coronel …
	la Guardia Civil	*kasernierte Polizei (Spanien)*	… de la Guardia Civil.
2.2	**el crimen**	Verbrechen	Creyó que era el crimen perfecto.

3 La voz pasiva

3.2	**el género**	Art; Genus, Geschlecht	¿Es del género masculino o femenino?
	concordar con a/c (o → ue: concuerdo)	mit etw. übereinstimmen	El sustantivo concuerda con el adjetivo.
3.3	**detener a alg.** (detengo, detienes)	jdn verhaften, jdn festnehmen	En la manifestación fueron detenidas 40 personas.
	el/la delincuente *m./f.*	Straftäter/in, Verbrecher/in	Es una banda de delincuentes juveniles.
	la oposición	Opposition(spartei); Widerspruch	¿Qué partidos están en la oposición?
	manipular a/c	etw. manipulieren	Alguien manipuló los datos.
	inaugurar a/c	etw. eröffnen, einweihen	Mañana se inaugura la exposición.
	el fugitivo / la fugitiva	Flüchtiger/Flüchtige, Flüchtling	La policía busca a los fugitivos.
	romano/-a	romanisch; römisch	Es un puente romano.
3.5	***la pistola***	Pistole	Esta pistola es la prueba del crimen.
	el aumento	Erhöhung, Vermehrung, Vergrößerung	Habrá un aumento de las pensiones.
	bombardear a/c	etw. bombardieren, beschießen	Amenazaron con bombardear la ciudad.

4 Escibir un artículo

4.1	**el sospechoso / la sospechosa**	Verdächtiger/Verdächtige	La policía interrogó a los sospechosos.
	sentimental	sentimental, gefühlsmäßig	Lo hizo por causas sentimentales.
	diurno/-a	täglich, Tages-	≠ nocturno
	sospechar de alg.	jdn verdächtigen	Sospechan del amante.
	el pirómano / la pirómana	Pyromane/Pyromanin, krankhafte/r Brandstifter/Brandstifterin	El incendio fue provocado por un pirómano.
	la venganza	Rache	Juró venganza.
	la joya	Juwel	Son unas joyas de mucho valor.
	enterrar a/c, a alg. (e → ie: entierro)	etw. vergraben; jdn beerdigen	Enterró el cuerpo en el jardín.
	esconder a/c, a alg.	etw., jdn verstecken, etw. verheimlichen	El ladrón escondió el dinero.

5 Aprender mejor: formar familias de palabras

5.1	**el vendedor / la vendedora**	Verkäufer/in	Soy vendedor en un supermercado.
	la venta	Verkauf	Las ventas aumentaron en un 10%.
	la rebelión	Rebellion	Hubo una rebelión en las aulas.
	el/la rebelde *m./f.*	Rebell/in	¡Qué chica tan rebelde!
	simbólico/-a	symbolisch	Le dieron un premio simbólico.
	documentar a/c	etw. beurkunden, belegen	Tiene que documentar su descubrimiento.
	el documento	Dokument, Urkunde	Los documentos son falsos.
	la documentación	Unterlagen, (Ausweis-)Papiere	Deme su documentación, por favor.
5.3	***surrealista*** *m./f.*	surrealistisch	Es un cuadro surrealista.

6 ¡Vaya susto!

6.3	**la estructura**	Struktur	¡Qué estructura tan complicada!
6.4	***la tumba***	Grab(stätte)	Se llevó su secreto a la tumba.
6.5	**la agencia**	Agentur; *hier:* Maklerbüro	Trabaja en una agencia inmobiliaria.

7 Tuvo que ser por la noche

7.1	***la autopsia***	Obduktion, Autopsie	¿Cuál es el resultado de la autopsia?
	el/la (médico/médica) forense	Gerichtsmediziner/in	Según el médico forense fue asesinado.
	cobrar fuerza	*hier:* sich erhärten	
	los lazos *m. Pl.*	(Ver-)Bindung, Bande	Los lazos familiares son fuertes.
	limitarse a a/c	sich auf etw. beschränken	Me limito a las pruebas.
	la identidad	Identität	No se conoce aún su identidad.
	facilitar a/c	etw. erleichtern, ermöglichen	¿Quién le facilitó la información?
	el maletín	Handkoffer	En el maletín lleva un millón de dólares.
	la suma	Summe	Es una suma muy alta.
7.5	***el veneno***	Gift	Le puso veneno en el café.
	despistar a alg.	jdn irreführen, täuschen	El fugitivo despistó a la policía.
	sin lugar a dudas	ohne Zweifel	= indudablemente
7.8	***el/la detective*** *m./f.*	Detektiv/in	El marido contrató un detective.

9	**Ladrones**		
9.1	**el cajón**	Schublade	En el cajón había una pistola.
9.2	**el contestador**	Anrufbeantworter	Déjame un mensaje en el contestador.

10	**Un día en la colonia**		
10.1	**el reflejo**	(Ab-)Bild, Abglanz	Vio el reflejo de su cara en el río.
	el gaucho	*berittener Rinderhirt*	El gaucho va a caballo por la pampa.
	la ginebra	Gin	Para mí, ginebra con limón.
	el facón *amerik.*	*langes spitzes Messer*	El facón es un cuchillo.
	la herradura	Hufeisen	Le pusieron nuevas herraduras al caballo.
	la captura	Festnahme	Ofrecen dinero por su captura.

UNIDAD 14: ARTE Y ARTISTAS

1	**El arte español**		
1.1	**original**	original, ursprünglich	No es el nombre original. Es un apodo.
	la venus	Venus	Venus es la diosa del amor.
	el fusilamiento	Erschießung	Murió en la guerra, en un fusilamiento.
	la kermesse	Kirmes	

1.2	**la composición**	Komposition; Zusammensetzung	Esta composición tiene armonía.
	caótico/-a	chaotisch	Es desordenado y caótico.
	llamativo/-a	auffällig; grell	¡Qué colores tan llamativos!
	luminoso/-a	leuchtend, hell	Mi piso es bastante luminoso.
	abstracto/-a	abstrakt	Libertad es una palabra abstracta.
1.3	**formar a alg.**	jdn ausbilden	= educar
	la pintura	Malerei; Gemälde, Bild	¿Te interesa la pintura moderna?
	el inventor / la inventora	Erfinder/in	¿Quién fue el inventor del teléfono?
	artístico/-a	künstlerisch, Kunst-	Tiene cualidades artísticas.
	el horror	Entsetzen, Grauen	Sobrevivió el horror de la guerra.
	la decoración	Dekoration; Raumkunst	La decoración es de mal gusto.
	el tapiz	(Wand-)Teppich	Los tapices de las paredes son barrocos.
	sordo/-a	taub	No oye, está sordo.
	el grabado	Kupferstich, Druck	Son grabados de oro y plata.
	tétrico/-a	düster, finster	¡Qué cuadro tan tétrico!
	la bruja	Hexe	La bruja me leyó el futuro en la mano.
	el monstruo	Monster, Ungeheuer	Me dan miedo los monstruos.
	el/la surrealista *m./f.*	Surrealist/in	Los surrealistas pintan los sueños.
	adquirir a/c (i → ie: adquiero)	etw. erwerben	¿Dónde adquirió tanta experiencia?
	el/la maniquí	Mannequin, Modell	¡Qué figura! Parece un maniquí.
	la figura	Figur, Gestalt; *hier:* Persönlichkeit	Es una figura de la vida pública.
	la temática	Thematik	El cuadro es de temática histórica.
	circundante	umgebend	= alrededor
	el alabastro	Alabaster	
	el hormigón	Beton	Es un muro de hormigón.
	emblemático/-a	charakteristisch	Son colores muy emblemáticos.
	el/la dibujante *m./f.*	Zeichner/in	Es dibujante de comics.

	el grabador / la grabadora	Graveur/in, Kupferstecher/in	¿Con qué materiales trabaja un grabador?
1.4	**productivo/-a**	produktiv, fruchtbar	Hoy ha sido un día muy productivo.
	lo decorativo	das Dekorative	El artista sabe destacar lo decorativo.
	usual	üblich, gebräuchlich	= común
	las Bellas Artes *f. Pl.*	die schönen Künste	La pintura pertenece a las Bellas Artes.
1.6	**la inauguración**	Eröffnung; Vernissage	¿Cuándo tendrá lugar la inaguración?
	prehistórico/-a	prähistorisch, vorgeschichtlich	Se encontraron pinturas prehistóricas.
	la cueva	Höhle	En la cueva vive un oso.
	el palmeral	Palmenhain	Hay un palmeral precioso.

2 Repaso: la comparación

2.2	**tener fama**	berühmt sein	La región tiene fama por sus vinos.
	el champán	Champagner, Sekt	Es champán francés.
2.3	**la estatua**	Statue	En la plaza hay una estatua de Colón.

3 Aprender mejor: inventar ejercicios

3.2	**comparativo/-a**	vergleichend, Vergleichs-	Veamos unas cifras comparativas.

4 Isabel Quintanilla: Interior

4.1	**el talento**	Talent, Begabung	Tiene talento para la música.
	la clase particular	Privatunterricht	Doy clases particulares de español.
	el/la paisajista *m./f.*	Landschaftsmaler/in	Es un paisajista excepcional.
	la temporada	Zeit(raum), Saison	En agosto es temporada alta.
	dibujar a/c	etw. zeichnen	Mi hija dibuja muy bien.
	el bodegón	Stillleben	No es un retrato, es un bodegón.
	la naturaleza muerta	Stillleben	= bodegón
4.2	**el techo**	Dach	Hay una telaraña en el techo.
	la reja	(Fenster-)Gitter	Las ventanas tienen rejas.
	el tubo	Röhre; Rohr; Schlauch	Son los tubos de la calefacción.
	la cañería	Rohrleitung	Hay que cambiar las cañerías.
	el frasco	*(kleine) Flasche;* Flakon	Quiero comprar un frasco de perfume.
	el pedestal	Sockel, Fußschemel	La estatua está en un pedestal.
4.3	**el primer plano**	Vordergrund	En primer plano se ve una mujer.
	inferior	untere/r/s	Búscalo en el cajón inferior.
	vislumbrar a/c	etw. ausmachen; etw. vermuten	Al fondo se vislumbra una sombra.

5 «Eungenio» Salvador Dalí

5.1	**futuro/-a**	(zu)künftig, angehend	Aquí viviré con mi futura familia.
	la musa	Muse	El artista necesita a sus musas.
	la inspiración	Inspiration, Eingebung; Einatmung	Encuentra inspiración en la vida real.
	escandaloso/-a	skandalös	Es una noticia escandalosa.

	excéntrico/-a	exzentrisch, überspannt	Tiene un carácter muy excéntrico.
	la energía vital	Lebensenergie	Ha perdido la energía vital.
	decrecer (decrezco, decreces)	abnehmen, zurückgehen	≠ crecer
5.2	***el payaso***	Clown	Los payasos hacen reír.
	cínico/-a	zynisch	Hizo un comentario muy cínico.
	puerilmente	kindlich, kindisch, einfältig, naiv	Actuó puerilmente.
	inconsciente	unbewusst, leichtfertig	Es un comportamiento inconsciente.
	la seriedad	Ernst(haftigkeit)	Hace las cosas con seriedad.
	disimular a/c	etw. verbergen, verheimlichen	No pudo disimular su decepción.
	la lucidez	Klarheit, *hier:* Verstand	Con la edad perdió la lucidez.
	la concentración	Konzentration, Dichte	= intensidad
	heroico/-a	heldenhaft	Fue una lucha heroica.
	prodigioso/-a	wunderbar; großartig	Tiene un talento prodigioso.
	la presa	Beute; Fang; *hier:* Gefangener	Murió presa del fuego.
	el testimonio	Zeugnis	El testimonio del testigo fue decisivo.
	inmediatamente	sofort, unverzüglich	¡Hazlo inmediatamente!
	entusiasmarse por/con a/c	sich für etw. begeistern	Se entusiasma por la cultura española.
	paranoico/-a	paranoisch, geistesgestört	Es un poco paranoico, no vive la realidad.
	no tardar en hacer a/c	nicht lange dauern, bald etw. tun	Espera, no tardo nada en terminar.
	el anagrama	Anagramm	
	miserable	elend, armselig	Es un miserable hipócrita.
	el/la comerciante *m./f.*	Geschäftsmann/-frau	= hombre/mujer de negocios
	el genio	Genius, Genie	Dalí era un genio.
	los ojos exorbitados *m. Pl.*	aufgerissene Augen	
	el autorretrato	Selbstbildnis	¿Conoces los autorretratos de Frieda Kahlo?

5.3	**el contenido**	Inhalt	El contenido del libro es interesante.
	reencarnarse	wiedergeboren werden	¿Crees que te vas a reencarnar?
	el toque	Berührung; *hier:* Anstrich	Sus cuadros tienen un toque especial.
	la burbuja	(Luft-/Wasser-/Sprech-)Blase	El champán tiene muchas burbujas.
	descontar a/c (o → ue: descuento)	etw. herabsetzen	Le descuento el 10 % del precio.
	decolorarse	(v)erblassen	
	el tejido	Stoff	= tela
	asustado/-a	erschrocken	Estoy asustado de lo que pasó.
	comprimirse	sich zusammenpressen	El aire se comprime con la presión.
	el vapor	Dampf, Dunst	Viajamos en un barco de vapor.
	la pesa	Gewicht, Uhrgewicht	La pesa indica 100 gramos.
	el pincel	Pinsel	Le dio un toque con el pincel.
	sedoso/-a	seidig	= de seda
	delirante	wahnsinnig, irreredend	Está en un estado delirante.
	la paleta	Palette	Mezcla los colores de la paleta.
	místico/-a	mystisch	Es una obra mística.
	la bayoneta	Bajonett	
	el cerebro	Hirn, Gehirn; Kopf, Verstand	¿Cómo funciona el cerebro?

6 ... y ahora un círculo rojo en la parte inferior derecha

	el círculo	Kreis; Verein, Zirkel	Tiene forma de círculo.
6.1	***extrovertido/-a***	extrovertiert	≠ introvertido/-a
	extravagante	extravagant, überspannt	¡Es un pijo extravagante!
	la mancha	Fleck	Tienes una mancha en el pantalón.
	superior	höher, höchst, Ober-	≠ inferior

6.2	*mutuamente*	gegenseitig	= el uno al otro
	trazar a/c	etw. entwerfen; (eine Linie) ziehen	Traza una línea recta.
	grueso/-a	dick, groß, stark	≠ fino/-a
	ondulado/-a	gewellt	Tiene el pelo ondulado.
	la curva	Kurve	En esta carretera hay muchas curvas.
	el cuadrado	Quadrat	Es una caja cuadrada.
	el triángulo	Dreieck; Triangel	El triángulo tiene tres lados.
	el trapecio	Trapez	
	horizontal	horizontal, waagerecht	≠ vertical

Opción 4: FIESTA

1 Las tapas

1.1	*culinario/-a*	kulinarisch, Küchen-	Domina el arte culinario.
1.2	*gastronómico/-a*	gastronomisch	
	conquistar a/c	etw. erobern	Lo conquistó con su simpatía.
	dispararse	(Schuss) losgehen; *hier:* explodieren	Los precios se han disparado.
	internacionalizar a/c	etw. internationalisieren	La moda se está internacionalizando cada vez más.
	el carro amerik.	Wagen, Karren, Fahrzeug	= coche

	la popularidad	Popularität, Beliebtheit	Esa artista tiene mucha popularidad.
	la gamba	Krabbe, Garnele	Yo quiero gambas a la plancha.
	profesional	professionell	Es un cocinero profesional.
	la faceta	Facette	No conocía esa faceta tuya.
	clásico/-a	klassisch	Me gusta leer autores clásicos.
	lejano/-a	entfernt, fern	≠ cercano
	los Reyes Magos *m. Pl.*	(Tag der) Heiligen Drei Könige	El día de los Reyes Magos es el 6 de enero.
	apostólico/-a	apostolisch; *hier:* missionarisch	Es un relato apostólico.
	atreverse a + *Inf.*	sich erdreisten, es wagen ...	No se atreve a decirle la verdad.

2 Organizamos la fiesta

2.2	***grabar a/c***	etw. aufnehmen; etw. einritzen	¿Me podrías grabar esa canción?
	la cinta	Band; *hier:* Kassette	¿Dónde está mi cinta de flamenco?
2.3	***la invitación***	Einladung	Gracias por la invitación.

3 Espero que lo entiendas...

3.1	***aplazar a/c***	etw. aufschieben	Aplazamos la fiesta para el jueves.
3.2	***estar liado/-a***	*hier:* beschäftigt sein	Estoy muy liada con mi trabajo.
	me daba un poco de corte	es war mir unangenehm/peinlich, ich traute mich nicht	Me daba un poco de corte hablar contigo.